감옥에서 찾은 행복 이야기

눈사람 미역국

개정증보판 제1쇄 2025년 6월 1일

지은이	이상덕
그 림	박 훈
발행인	권선복
편집주간	김정웅
편 집	천훈민
기록정리	이지현
디자인	최새롬
인 쇄	천일문화사
발행처	도서출판 행복에너지
출판등록	제315-2011-000035호
주 소	(07679) 서울특별시 강서구 화곡로 232
전 화	0505-613-6133
팩 스	0303-0799-1560
홈페이지	www.happybook.or.kr
이메일	ksbdata@daum.net

값 22,000원
ISBN 979-11-93607-87-9 (03810)

Copyright ⓒ 이상덕, 2025

* 이 책은 저작권법에 따라 보호받는 저작물이므로 무단전재와 무단복제를 금지하며, 이 책의 내용을 전부 또는 일부를 이용하시려면 반드시 저작권자와 〈도서출판 행복에너지〉의 서면 동의를 받아야 합니다.

도서출판 행복에너지는 독자 여러분의 아이디어와 원고 투고를 기다립니다. 책으로 만들기를 원하는 콘텐츠가 있으신 분은 이메일이나 홈페이지를 통해 간단한 기획서와 기획의도, 연락처 등을 보내주십시오. 행복에너지의 문은 언제나 활짝 열려 있습니다.

어둠을 벗어나 세상을 향해 떳떳하게 내딛는
감옥에서 찾은 행복 이야기

눈사람 미역국

이상덕 글 | 박훈 그림

도서출판 행복에너지

작가소개

이상덕 목사

이상덕 목사는 한때 조직 폭력의 삶을 살았던 사람이다.
돈과 힘이 전부인 줄 알았던 삶의 끝에서, 그는 철창 안으로 끌려갔다. 교도소라는 사회의 가장 낮은 자리에서 그는 비로소 사람을, 자신을, 그리고 하나님을 다시 만났다.

교도소는 단순히 철창과 쇠창살로만 구성된 공간이 아니었다. 그곳은 그에게 내면의 어둠과 직면하게 한 거룩한 광야였고, 피할 수 없는 거울이었다. 매일이 끝이라고 느껴지는 그 어둠 속에서, 한 권의 성경이 희미한 빛처럼 그의 손에 쥐어졌다.
배움도, 글솜씨도 없었지만, 하나님의 말씀을 읽고 또 읽으며 깊은 회개와 통회(痛悔)의 시간을 보냈다. 말씀이 그의 유일한 스승이 되었고 눈물이 그의 잉크가 되었다.
그 시간 동안 그는 자신 안의 교만과 죄를 벗겨내고 가장 부드러운 마음으로 하나님의 사랑을 받아들였다.

그렇게 하나님을 인격적으로 만난 후, 그는 감옥 안에서 첫 책 『눈사람 미역국』을 써 내려갔다. 『눈사람 미역국』은 그가 경험한 죄와 눈물, 회개와 은혜, 그리고 복음의 씨앗이 담긴 고백록이다. 하나님 앞에서 무릎 꿇은 한 인간의 진짜 이야기, 바로 그것이다.

출소 이후, 이상덕 목사는 노숙자와 출소자, 사회에서 소외된 이들을 섬기며 주님제일교회 (쉼터)의 담임목사로 목양하고 있으며, 유튜브 채널 '교도소TV'와 '서울역이목사TV'를 통해 거리의 복음을 전파하고 있다.

그는 지금도 세상의 끝에서 하나님의 은혜로 살아난 사람들과 함께 눈물로 예배하고, 치킨 한 조각에 사랑을 담아 나누고 있다. 그의 삶은 '은혜는 감옥에서도 시작된다'라는 사실을 몸소 증명해 낸 살아 있는 간증이다.

책머리에

한평생 까막눈으로 살아오셔서 불편한 것이 많았던 나의 어머니.
자식이 손에 책을 들고 있을 때, 가장 행복해하시던 나의 어머니.
어머니를 기쁘게 해 드리고 싶었던 이 막내아들은, 어머니만 계시면 손 닿는 대로 아무 책이나 들고 읽었습니다.
그 모습을 가장 행복하게 바라보시던 나의 어머니.

이 책을, 사랑하는 나의 어머니 김정례 여사님께 바칩니다.
당신의 막내아들이 책을 썼습니다.
어머니가 기뻐하셨으면 좋겠습니다.
어머니, 사랑합니다.

2025년 5월 **이상덕**

추천사

내가 처음 이 책의 그림을 맡았던 날을 지금도 잊지 못한다. 그땐 내 삶이 뿌연 안개 속에 있었고, 사람들에게 내 그림을 보인다는 건 두려움이었다. "내가 그릴 자격이 있을까?" 하지만 원고를 읽는 순간, 그 질문은 바뀌었다. '이 이야기를, 내가 전하고 싶다.'

교도소에 들어가게 된다는 것은 한 사람에게 있어서 일반적인 경험은 아니다. 그렇기 때문에 이와 같은 상황이 닥치게 되면 절망에 빠져 과거의 선택에 대한 분노와 원망으로 스스로를 잃는 이들도 적지 않다. 하지만 많은 고통의 시간을 보내며 다양한 경험과 끝없는 질문으로 자신을 변화시키고 새로운 내일을 만들기 위해 노력하는 사람들 역시 많다. 그렇기 때문에 이 책 『눈사람 미역국』은 단순한 교도소 체험기가 아니다. 이 책은 누구도 포기하지 않는 법, 어떻게든 삶을 붙잡고 다시 일어서는 법, 그리고 사람이 진심으로 변할 수 있다는 걸 증명해 보이는 이야기다.

나는 조직폭력배로 수십 년을 살면서 교도소에서만 15년을 살았다. 그 삶이 어떤지 그 안에서 어떤 마음들이 뒤엉키는지, 나는 누구보다 잘 안다. 하지만 지금 나는 교도소 안에서가 아닌, 세상 속에서 살아가는 법을 배워가고 있다. 그림을 그리고, 유튜브로 사람들과 소통하고 이제는 내 이야기를 통해 누군가에게 힘이 되기도 한다. 예전엔 '끝'이란 생각했던 시간들이 지금은 누군가의 '시작'을 응원하는 메시지가 되어 돌아오고 있다.

이 책도 그런 책이다. 무너지려는 마음을 다시 세워주는, 담장 너머의 세상을 보여주는 창문 같은 책이다. 이 책을 읽는 분들께 꼭 전하고 싶다. 혹시 삶이 너무 힘들고, 자신을 포기하고 싶을 때, 바로 이 이야기를 펼쳐보라고. 여기에는 포기하지 않는 한 사람의 용기와 진심이 있다. 그리고 그 진심은, 분명히 당신에게 닿을 것이다.

지금 나는 확신한다. 사람은 변할 수 있고, 변한 사람은 또 다른 사람을 변화시킬 수 있다. 이 책 『눈사람 미역국』은 그 변화의 시작점이 되어줄 수 있는 책이다.

2025년 5월
박훈(에드몬도)
유튜버-그림작가-변화의 증명자

목차

작가소개 ·· 004
책머리에 ·· 005
추천사 ·· 006

제1부
공주교도소의 황소바람

01 삼십 분 ······································ 014
02 파잔 의식 ···································· 018
03 보이스 피싱 ·································· 022
04 공주교도소의 황소바람 ······················ 029
05 진돗개 두 마리 ······························· 036
06 국가대표 ····································· 040
07 수제비 ······································· 046
08 희망이라는 비상금 ··························· 052
09 달리기 ······································· 056
10 이놈 아저씨 ·································· 062

제2부
특수한 직업

11	동명이인	068
12	행복한 번데기	073
13	식탐	077
14	죄송합니다	081
15	특수한 직업	086
16	최신형 인공지능 세탁기	090
17	열지 못하는 문	095
18	신라면	098
19	안전 불감증	102
20	이무기	107

제3부
터닝 포인트

21	CRPT	112
22	코걸이	117
23	고두심	121
24	아버지 돌 굴러가유	125
25	검정고시반	130
26	사소한 일상	137
27	양아치	140
28	신의 손	145
29	큰형님	149
30	터닝 포인트	155

제4부
수석 합격

31	킨제이보고서	160
32	어미 참새의 사랑	168
33	홍시	172
34	운명의 굴레	178
35	수석 합격	182
36	청양 고추	190
37	악대반	195
38	자치사동&국선도	199
39	의료법 위반	205
40	오징어 회	215

제5부
싱싱한 생각

41	원숭이가 나무에서 떨어진 이유	222
42	검방	227
43	안 되는 것이 없고 되는 것이 없는 곳	232
44	스마트 벽	237
45	행복한 날들	241
46	대통합	247
47	싱싱한 생각	254
48	새 박사	259
49	가족 만남의 날	266
50	된장과 호박잎	272

제6부

눈사람 미역국

51 기적의 요로법		278
52 큰 소나무		285
53 씀바귀		289
54 사형수 춘도		294
55 불쌍한 사람		300
56 전쟁의 서막		305
57 청포도 알사탕의 비극		309
58 인연의 시작		314
59 행복해지는 방법		319
60 최종목적		324
61 눈사람 미역국		329

개정판을 내며 · · · · · · 334
출간후기 · · · · · · 337

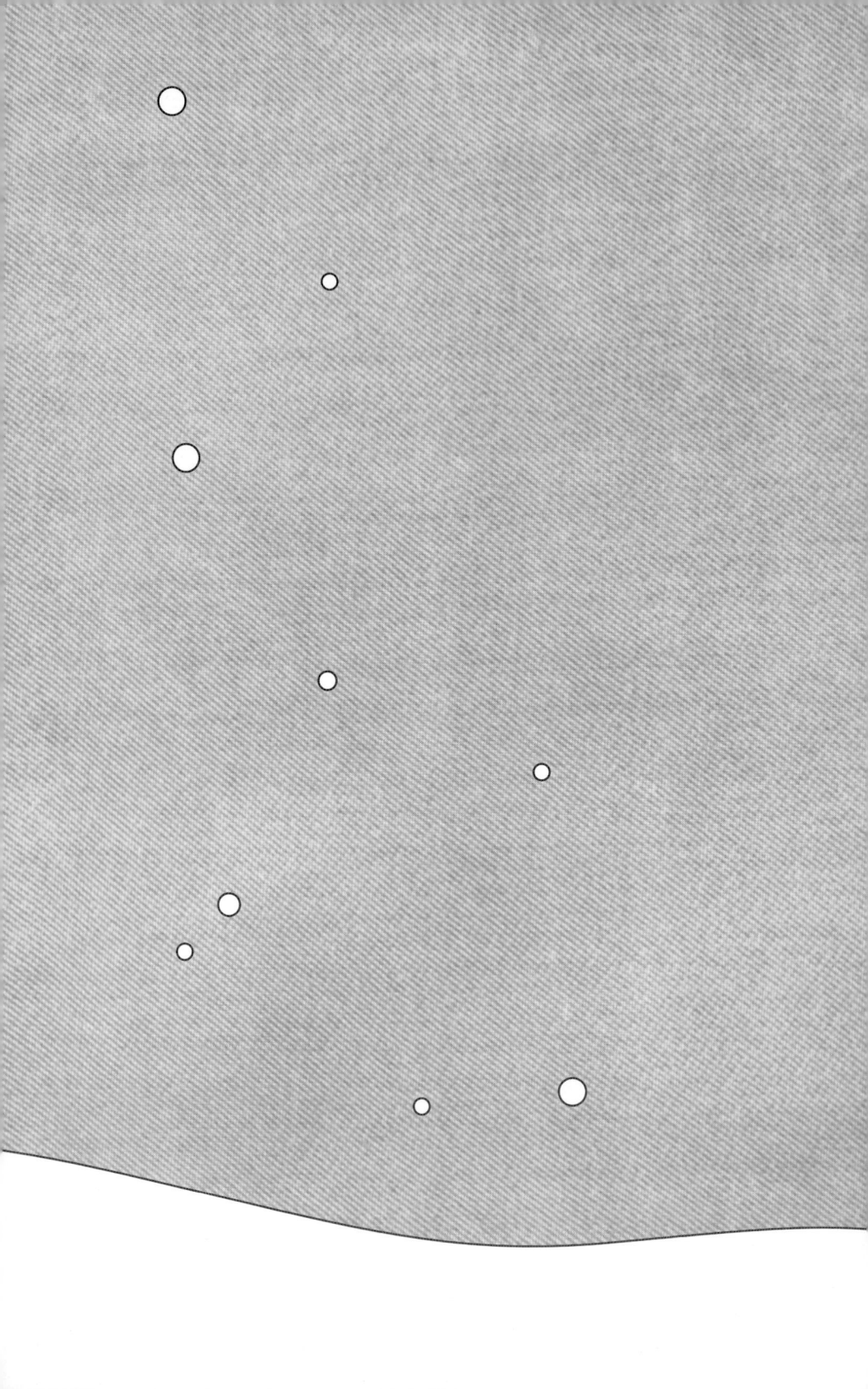

제1부

공주교도소의 황소바람

01
삼십 분

비가 내리는 날이면 교도소에서는 운동을 시켜주지 않는다. 최근에 새로 짓고 있는 교도소는 소형 실내 운동장에 돔 구장처럼 천장을 설치하고, 수형자들이 날씨에 관계없이 운동을 할 수 있는 상태로 건물을 새로 올려서 비가 내려도 운동을 할 수가 있다.

하지만 아직 이곳 창원 교도소는 구 교도소라 비가 내리면 운동장이 질퍽질퍽해지고, 수형자들이 비를 맞게 되면 감기 등 질병에 걸릴 염려 때문에 운동을 시켜주지 않는다.

상황이 이렇다 보니 하루만 비가 내리고 그치면 크게 상관없지만, 장마철 같은 경우 며칠씩 운동을 하지 못하기 때문에, 좁은 방 안에서만 지내야 하는 처지가 굉장히 지루하고 갑갑해질 수도 있다.

하루 중 삼십 분 동안의 운동 시간은 꼭 운동이라기보다는, 하루 종일 콘크리트 구조물에 갇혀있던 육체뿐 아니라 지쳐있는 영혼까지도,

햇볕을 쬐면서 새로운 에너지를 충전하는 시간이 된다.

그래서 또 새롭게 하루를 버틸 수 있고 내일의 운동 시간을 기다린다. 하루 종일 다섯 평도 안 되는 좁은 방에 콩나물처럼 열 명이 빼곡하게 갇혀 있다가 나오는 그 순간에는 숨 쉬는 공기도 달라진다. 거기에 상쾌한 기분과 함께 눈으로 들어오는 눈부신 햇살은 신이 주신 최고의 선물이다. 그 소중한 운동 시간이 내리는 비로 인해 허락되지 못하고, 하루 종일 방 안에 갇혀 있으면 말할 수 없는 갑갑한 심정은 두 배가 된다.

추적추적 내리고 있는 이 비가 교도소 마른땅의 잡초들과 말라버린 콘크리트와 철 구조물들까지도 시원하게 적셔주고 있지만, 정작 수형자들에게는 더 갈증만 나게 하는 듯하다.

그래도 나는 비가 내리면 너무 좋다. 일단 눈의 피로가 풀리고 안정이 된다. 나는 안구건조증이 심하기 때문에 항상 건조한 상태일 수밖에 없는 교도소 생활의 특성상, 하루에도 몇 번씩 눈에 점안액을 넣어가면서 책을 읽는다. 비가 이렇게 내리는 날은 그럴 필요가 없어서 굉장히 편하다.

한 번씩 이렇게 비가 오랜 시간 내리면 말라있던 교도소 내의 모든 것들이 수분을 듬뿍 흡수하기 때문에, 한참은 안구건조증이 심하지 않다. 먼지도 그동안은 안 나기 때문에 목 상태도 편해진다.

오후 늦게까지 비가 계속 내리고 있으니 좋기는 한데, 만약 이 비가 그치지 않고 내일까지도 계속 내리면 정말 곤란하다. 하루 정도는 비가 내려도 참을 수 있지만, 내일까지도 비 때문에 운동을 할 수 없다고 생각하면 정말 답답해진다.

  별것 아닌 것 같지만 이곳 교도소 생활 중에 하루 삼십 분의 운동 시간은, 결코 무엇과도 바꿀 수 없는 아주 소중한 시간이다.

02
파잔 의식

야생의 코끼리가 인간에게 길들여진 후 인간을 태우고 관광지를 돌며 사람들의 눈을 즐겁게 하며 만족을 주는 것은, 우리가 상상도 하지 못할 고통을 겪은 후에야 가능한 일이다. 사람들은 단지 재주 부리는 모습만을 보고 신기해하고 기뻐하지만, 사실 대부분의 사람들은 코끼리의 그 고통스런 훈련 과정을 알지 못한다.

코끼리가 사람을 등에 태울 정도까지 길들여지기 위해서는 일련의 과정이 필요하다. 일단 코끼리는 새끼 때 어미와 함께 생포된 후, 그 새끼가 보는 앞에서 어미는 잔인하게 죽임을 당하게 된다. 그리고 어미의 피가 채 식기도 전에, 새끼는 좁은 틀에 갇히고 날카로운 쇠와 막대기로 잔인하게 학대를 당한다. 열흘 정도의 잔인한 고문을 당한 새끼코끼리는, 어미의 죽음이라는 정신적 고통과 잔인한 학대의 육체적 고통 속에서 철저하게 영혼이 파괴된다.

대부분의 어린 코끼리들이 이 힘든 '파잔 의식'의 과정에서 반 이상이 죽게 된다. 그나마 살아남은 코끼리들도 모든 영혼과 육체의 자유를 포기하고, 사람의 뜻에 따라 살면서 자기의 수명을 온전하게 반도 채우지 못한 채 죽어 버리고 만다.

이렇게 새끼코끼리가 가장 소중한 어미코끼리의 죽음을 보면서, 이미 모든 영혼이 파괴되고 아무것도 남아있지 않은 상태가 되는 것처럼, 보통 사람들이 이곳에 들어오면 너 나 할 것 없이 자기만의 파잔 의식을 치르게 된다. 이 안에서는 사랑하는 어머니의 절망적인 눈물을 볼 때, 충분히 가슴이 저려오고 영혼이 파괴될 정도의 슬픔을 겪게 된다. 이러한 과정을 통해 버릴 것은 버리고 마지막까지 가지고 갈 것은 챙기게 된다. 보통 자기의 가족, 부모, 아내, 자식을 챙기게 되는데 그중에서 가장 많이 선택되는 가족은 부모이고 부모 중에서도 어머니다.

언젠가 재판을 받으러 가기 위해 온몸이 굴비처럼 포승줄에 묶인 상태로 호송차에 올라타면서, 여자 교도소에서 젊은 여자가 아기를 안고 올라타는 것을 본 적이 있다.

순간 사람들 모두가 처음 보는 광경에 눈을 떼지 못했다. 나 역시도 '도대체 저 여자는 무슨 죄를 지었기에 수형자가 아기를 데리고 이곳 교도소에 있을 수 있단 말인가.'라는 의문이 머릿속에 가득했다.

임신한 상태로 구속되면 교도소에서 출산을 하고, 아기가 어느 정도 자랄 때까지 키울 수 있다는 사실을 교도관에게 물어본 후에야 알 수 있었지만, 보는 이로 하여금 충분히 심금을 울릴 정도의 슬픔이 묻

제1부 공주교도소의 황소바람

어나오고 가슴을 애잔하게 하는 일이었다.

그녀는 비록 이 비참한 곳에서 출산의 고통을 겪으며 아기를 낳았지만, 아마도 그 아기의 미래를 비참하게 만들지 않기 위해서 최선을 다할 것이다. 그녀가 무슨 죄를 지었는지 모르지만, 지금이 가장 힘든 고통의 시간이며 절박한 시간일 것이다. 그나마 지금 진행되고 있는 재판의 결과가 좋아, 부디 아기에게 교도소가 아닌 좋은 환경이 선물로 주어지기를 잠시 기도했다.

멀리서 그녀와 아기를 보고 난 후 내 머릿속에서는 새로운 '파잔 의식'이 조용히 진행되면서 슬픔의 눈물이 끊임없이 쏟아져 나왔다. 그리고 모든 재판을 마치고 교도소로 돌아오는 호송차 속에서 생각했다. 내 사랑하는 두 딸들이 나로 인해 겪게 될 슬픔으로 그 여리고 깨끗한 영혼이 박살 나, 아버지가 없다는 '파잔 의식'을 겪지 않기를. 이렇게 나약한 인간으로서 그 욕심의 끝에 올라선 대가를 이곳에서 치르는 지금이 나에게는 '파잔 의식'을 겪는 시간이다.

하지만 더 나은 미래를 위해 지금 슬퍼하거나 괴로워하기보다는, 과거의 나를 철저하게 버리는 고통의 시간들을 견디어내고, 끝내는 맑고 깨끗한 영혼을 가진 새로운 나로 떳떳하게 바로 서기를 스스로 기원하면서 호송차에서 조심스럽게 내렸다.

매일 봐오던 교도소담장 끝에 있는 전망대가 오늘따라 더 낯설어 보인다. 오늘도 붉은 노을은 그런 전망대 끝에 어슴푸레 걸려있다.

03 보이스 피싱

　뉴스를 보면 하루가 멀다 하고 보이스 피싱 범죄가 속출하고 있다. 최근에는 여당 대표 목소리를 흉내 내서 돈을 뜯어낸 사건도 보도되었다. 매일 보면서도 황당한 것은, 뉴스에 시시때때로 나오고 있어도 피해가 끊이지 않는다는 점이다. 보이스 피싱 범죄자들이 아무리 신출귀몰하다고 해도 그 수법이 많이 알려져서, 이제는 피해 입는 사람이 별로 없을 거라 생각했는데 그게 전혀 아니다.

　며칠 전 내 방으로 필리핀 중국 등지에서 범죄에 잔뼈가 굵은 자칭 '내가 낸데' 하는 보이스 피싱 업계에서 방귀 좀 뀐다는, 보이스 피싱 범죄단 우두머리가 신입으로 들어왔다.
　너도 나도 범죄자인 이곳 교도소에서 '그건 정말 아니다.'라고 생각하는 범죄가 예전에는 성범죄였다면, 요즘에는 노약자나 곤궁에 처한 서민들을 대상으로 삼는 이런 범죄이다.

현재 내가 있는 거실은 강력 방이다. 원래 보이스 피싱 범죄자들은 사기 방으로 들어가야 한다. 그런데 요즘은 사회적으로 보이스 피싱 범죄를 엄단하고 있는 분위기라, 보이스 피싱 범죄자를 잡게 되면 경찰들은 진급 1순위가 된다.

그러다 보니 무조건 서로 잡아들이려고 보이스 피싱 범죄자로 추적을 하고, 필리핀에 숨어있다는 정보를 확보하자마자 '특수강도'로 수배가 내려져 체포되어 강력 방으로 들어온다.

현재 필리핀과 한국 간의 '범죄인인도조약' 조항에 보면 5대 강력범들을 우선적으로 인터폴에 수배를 내릴 수 있기 때문에, 신입은 먼저 특수강도로 수배가 내려져 검거되었다. 그리고 조사과정에서 특수강도 부분은 '혐의 없음' 혹은 '증거불충분'으로 처리되고 확실한 증거가 있는 보이스 피싱 범죄는 기소가 되었다.

방으로 처음 들어온 신입의 모습은 얼굴이 핼쑥하고 비쩍 곯아서 마치 피죽도 못 먹은 북한군 같았다. 눈은 겁을 먹어 두리번두리번 하고는 있어도, 반짝거림이 살아 있고 나름 눈치는 있어 보였다. 말도 별로 하고 싶지 않고, 서로 같은 죄인끼리 뭐라고 하는 것도 별 의미 없다는 것을 알기에 신경도 쓰지 않고 그냥 무관심했다.

신입은 방에 들어온 지 한 달 정도 되고 어느 정도 적응을 하더니, 의외로 생활도 잘하고 붙임성도 좋아서 '형님, 형님' 하면서 잘 따랐다. 그래서 마음을 열고 이런저런 이야기를 하다가 그동안 궁금했던 사건에 대해서 물었는데, 나는 그들의 수법에 혀를 내둘렀다. 아마도 내가 범행대상이 되었더라도 꼼짝없이 당할 수밖에 없었을 것 같다.

뉴스에서 볼 때는 사회물정을 전혀 모르거나 연로한 노인들만 당하는 것이 보이스 피싱이라고 생각했는데 그게 아니었다. 젊은 사람들 특히나 사회적으로 명성도 있고 배웠다고 하는 전문직종사자들조차도, 걸면 걸리는 걸리버처럼 당할 수밖에 없었다. 뉴스에서 노인들에게 사기 치는 걸 보고 어설프게 따라한 모방범죄가 많이 늘어, 그런 수법이 다인 줄 알았는데 그런 방법은 완전 초짜들이나 하는 짓이다.

이번에 총책으로 들어온 신입은 이쪽에서는 알아주는 전문가였다. 그동안 뉴스나 인터넷으로 보았던 무작위로 전화를 해서, 말도 안 되는 어설픈 사투리나 조선족 연변 여자들의 목소리로 설득하는 방법하고는 차원이 달랐다.

범행 대상부터도 중국의 고급해커들이 해킹한, 고급 데이터베이스를 건당 한국 돈으로 만 원가량에 사들여서 실시간으로 사용했다.

이런 DB가 말도 안 되는 건당 만 원에 거래가 되는 이유는 무조건 걸면 걸리기 때문이며, 해커들은 연락처를 개당 만 원에 거래하면서 제법 짭짤한 수입을 얻는다.

이들은 제2, 제3의 금융기관 컴퓨터를 실시간으로 해킹을 하고 있다가, 급하게 돈이 필요해서 대부업체에 대출상담을 하는 사람들을 범죄의 표적으로 삼는다.

상담 후 대출이 되는 사람들은 범행대상에서 제외가 되지만, 문제는 신용문제나 연체 등의 문제로 대출이 성사되지 못한 사람들이다.

대출상담이 끝난 후 상담자가 적은 대출 불가사유와 그 옆에 대출 희망금액까지도 상세히 기록해 놓은 정보를 해커들이 해킹해서 팔기 때문에, 이러한 자세한 정보를 바탕으로 보이스 피싱 범죄단이 실시간 전화를 해서 범행에 사용한다.

"안녕하세요. 고객님 아까 저희 ○○캐피탈 ○○○ 대리와 대출건으로 상담하시고 부결되셨지요. 고객님 사정이 급한 것 같아서 일단은 연체되신 삼백만 원을 불러주시는 계좌로 입금해주시면, 이천오백만 원까지는 즉시 대출 가능하십니다."

이런 전화를 받게 되면 범죄의 표적이 된 사람은 분명 조금 전 자기가 먼저 돈이 필요해서 상담했던 대부업체였고, 연체된 돈은 어차피 언제라도 내야 될 돈이라 일단은 빌려서라도 급하게 삼백만 원을 송금하게 된다. 송금 후에 다시 전화해보면 어찌된 영문인지 방금 통화했던 번호가 결번으로 나온다. '당연히 당할 수밖에 없겠구나!'라고 생각되었다.

정말 더 기가 막힌 것은 아예 대놓고 "아저씨 나 지금 보이스 피싱 하는 건데 이 계좌로 오백만 원 바로 보내라, 아참, 동영상도 같이 보내니 보고 맘에 들면 돈 보내라."라고 반말로 거들먹거리는 목소리의 전화를 하는 사람들이다. 어처구니없고 화도 나지만 막상 보내준 동영상을 본 후에는 기절초풍할 수밖에 없다.

나름대로 사회적 지위도 있고 성실하게 살아온 직장인들이 혼자 있을 때, 성인 사이트에 가입해서 상대 여성과 화상 채팅을 하면서 음란하게 말한 장면과, 상대 여성이 요구해서 보여준 노출영상이나 자위했던 영상이 그대로 녹화되어 보이스 피싱 범죄단에 넘어간 것이다.

더 기막힌 것은 전화번호, 아이디, 닉네임까지 보이스 피싱 범죄단에게 해킹당해 팔려버려서, 동영상을 보면 빼도 박도 못하고 돈을 보내줘야 한다. 그런데 돈만 입금하면 동영상 원본까지 다 보내준다고 했음에도 불구하고, 며칠이 지나면 또 전화가 온다.

"아저씨 난데 엊그제 보내준 돈 삼백만 원 노름해서 다 잃었다. 미안한데 이번엔 빌리는 거다. 내가 돈 따면 다시 보내 줄 테니 오백만 원 더 보내라. 이번이 정말 마지막이니 화나게 하지 마라." 또다시 이런 전화를 받게 된다. 직장이라도 번듯한 전문직이나 공무원들이 걸리면, 더 벗어날 방법이 없고 돈을 보낼 수밖에 없다.

그렇게 한 번 걸리면 수시로 전화가 와서 다 털리고, 최종에는 해도 해도 너무한다는 생각에 마음대로 하라고 진짜 돈 없다고 배 째라고 한다.

설상가상으로 피해자로부터 있는 돈 없는 돈을 모두 빼먹은 범죄단들은 더 이상 돈이 없는 피해자에게 돈을 안 구해 온다고 화를 내며, 마지막에는 하부 라인 보이스 피싱 범죄단에게 그 동영상과 정보를 모두 팔아버린다.

통신요금 연체나 카드 연체가 되면 착한 목소리의 아가씨들이 전화해서, "고객님 연체 되셨는데 확인해 보시죠."라고 처음에는 상냥하게 대한다. 그러나 계속된 연체로 신용불량 처리가 되어 돈을 받아주는 추심채권회사로 정보가 넘어가면, 어느 날 이상한 남자에게 "사장님, 지금 장난 하십니까. 예!"라는 전화를 받게 되듯, 하부라인 보이스 피싱 범죄단들은 말부터 막나간다.

"어이, 지금 나하고 장난치나. 어, X같은 거 당신 장인 장모한테

이 동영상 보내줄까, 어?"

　이렇게 되면 또다시 땡빚을 내서라도 돈을 구하는 수밖에 없고, 있는 돈 없는 돈 다 털리고 직장이고 가정이고 엉망진창이 되고 만다.

　가장 쉽게 돈을 뜯어낼 수 있는 사람이 가정주부다. 함부로 성인 사이트에 접촉해서 장난치다가는 돌이킬 수 없는 상황에 처하게 된다.

　누구나 조금만 방심하면 바퀴벌레보다 더 생명력이 강하고, 거머리보다 더 질긴 보이스 피싱 범죄단의 주인공이 될 수 있다. 그때는 다 털리고 또 털려도 밑도 끝도 없이 마지막, 마지막 하면서 그 사람을 밑바닥까지 끌어 내린다.

　무조건 걸면 걸리는 걸리버는 예전 초창기 휴대폰이 나왔을 때의 광고 문구이다. 그러므로 절대로 방심하지 말고 애당초 걸리버들에게 빌미를 제공하지 말아야 한다.

04 공주교도소의 황소바람

1999년 12월 19일 05시, 김해교도소의 징역거실에서 취침 중이던 나를 교도관이 다급하게 깨웠다.

"954번, 954번 이상덕 일어나라 이송이다.", "주임님 어디로 이송을 갑니까?", "일단 일어나서 짐부터 싸라." 나는 기상시간 전에 조용히 일어나서 짐을 챙겼다.

일 년간의 긴 재판을 끝으로 대법원 최종 확정 칠 년을 선고받았다. 어디로 이송을 가게 될지는 몰라도 범죄단체혐의로 실형을 선고받았기 때문에, 연고지에서 200km 이상 떨어진 곳으로 이송을 가야 한다.

세면도 못 하고 짐을 챙겨 나오면서 다른 방의 선후배들을 깨워서 인사를 했다. 보안과 일층으로 가서 짐 검사를 대충 하고 수갑을 두 개나 차고 포승줄에 온몸이 묶였다. 단독 이송이고 공주교도소라는 계장님의 말을 들었다. 한 번도 객지에서 징역살이를 한다는 생각을 해보지 못했는데, 이번에는 정말 피할 수 없는 입장이 되고 말았다.

호송버스에 직원들 여덟 명이 나를 호송하기 위해서 같이 탑승했다. 모두 총기를 소지하고 있었다. 중간에 소변이 마려우면 볼일을 볼 수 있도록, 버스 중간에 커다란 빈 생수통 하나가 실려 있다.

간단하게 죽으로 아침을 먹고 차에 올라탔다. 허전한 마음과 먼 곳으로 떠난다는 긴장감 때문에 배가 고프다는 생각은 들지 않았다.

그동안의 재판기간 동안 그래도 선후배들하고 계속 같이 움직였기 때문에 크게 외롭다는 생각을 하지 못했지만, 이제는 실형이 모두 확정이 되었기 때문에 전국의 교도소로 각자 뿔뿔이 흩어지게 되었다.

공주교도소는 두 종류가 있는데, 정신치료감호소와 일반 공주교도소다. 일반교도소로 가는 길에 보면 정신치료감호소가 보인다.

많은 눈이 도로에 쌓여있어서, 호송버스는 다섯 시간이 걸려서야 공주교도소에 도착할 수 있었다. 새벽에 출발했는데 도착하니 오후 두 시였다.

간단하게 새로운 곳에 나를 인계하고 떠나는, 아주 잠깐이나마 정이 들었던 교도관들의 뒷모습을 아쉽게 쳐다보고 있는데, 감독계장님과 낯선 교도관 세 명이 와서 철저하게 짐 검사를 시작했다. 교도관들도 무뚝뚝하고 전혀 말이 없었다.

산골에 있는 조그만 교도소라 그런지 온도의 차이가 정말 심했다. 김해교도소에서는 한창 팔팔한 나이라 내복도 입지 않고 생활했었는데, 공주교도소에서는 하루아침에 얼음골에 들어온 사람처럼 온몸을 떨었다.

주먹만 한 함박눈이 내리는 것을 처음 보았다. 마산에서는 항상 진눈깨비를 동반한 눈만 내려서 거리만 질퍽거렸다. 그런 눈만 보다 여기서는 온통 눈앞이 안 보일 정도로 펑, 펑, 쏟아져 내리는 눈을 보니 신기하기만 했다.

신입 방은 아무도 없는 빈방이었고 창문의 비닐은 다 째져서 칼바람이 장난이 아니었다. 화장실에 들어가서 소변을 보려고 하는데, 밑에 보이는 똥들이 얼어서 쌓이고 쌓여서 탑을 이루고 있다. 그 위로 소변을 보고 나와서 짐을 풀고 준비만 해왔던 내복을 두 벌이나 껴입었다. 그래도 추위는 장난이 아니었다. 처음 겪어보는 살인적인 추위를 도저히 감당할 자신이 없었다.

저녁을 대충 먹는 둥 마는 둥 했지만 배가 고픈 것보다는 당장의 추위가 가장 큰 문제였다. 밤이 제법 깊어지는데 추워서 잠이 오질 않았다. 창문은 있으나마나 했고 입에서는 하얀 입김이 모락모락 새어 나오고 있었다. 잠자다가 그대로 얼어 죽을지도 모른다는 생각이 들었다.

"저기요, 부장님." 몇 번을 큰소리로 불렀다. 어슬렁어슬렁 움츠리고 다가온 교도관이 창살을 사이에 두고 말했다. "불렀슈?" 처음 듣는 낯선 사투리에 놀라고 덩치에 놀랐다. 산적처럼 생긴 교도관이 말은 유순했다.

"부장님, 너무 추워서 도저히 잠을 못 자겠습니다." 그 말을 들고는 말없이 조용히 자기 점퍼 속에 있던 포카리 페트병을 건네준다. 따뜻

하다. 너무 고마워서 "감사합니다."라고 했더니 손만 흔들고 간다. 교도관이 보기에도 내 모습이 추워 보였던 모양이다. 금방 건네받은 따뜻한 페트병의 물이 빨리 식지 않도록 양말을 두 겹으로 씌워서 꼭 끌어안고, 이불을 온몸에 두 장이나 돌돌 말고서 따-닥, 따-닥 이빨을 덜덜 떨어가면서 힘들게 새우잠을 청했다.

몇 번씩이나 잠이 깨면서 다시 잠들기를 반복했는데 아침이 왔다. 살았다. 이제 겨우 하루 지났을 뿐인데 이곳에서 남은 형량 몇 년을 살아야 한다고 생각하니 정말 막막하기만 했다. 어디를 가도 교도소는 다 똑같을 거라 쉽게 생각했던, 나의 철없는 생각이 불과 하루 만에 무너져버리는 것을 실감 했다. 신입 방에 하루만 더 있으면 난 아마 얼어 죽을지도 모른다는 생각이 들었다.

마산이나 김해교도소에는 미 지정이라는 사동이 따로 있는데 기존에 살고 있던 사람들이 방을 관리했기 때문에, 창문으로도 바람이 거의 안 들어오고 방이 그리 춥지도 않다. 그리고 여러 사람들이 좁은 방에 같이 있기 때문에, 서로의 체온만으로도 방의 온도가 상승이 되고 살인적인 추위는 느껴지지 않는다. 하지만 사람이 생활하지 않고 있던 공주교도소의 빈방은 온통 먼지투성이였고, 관리가 전혀 되어 있지 않았기 때문에 찬바람이 어디서 들어오는지 알 수도 없이 밀려 들어 왔다.

게다가 복도를 한 바퀴 돌아서 '휭' 하고 불어오는 그 바람은, 그냥 바람이 아니고 살인적인 황소바람이었다. 그 황소바람이 철문 틈 사이로 머리를 들이밀고 밤새도록 떼를 지어 들어오고 있었다.

뒤에 있는 창문으로 가서 밖을 내다 보니 함박눈이 엄청 많이 쌓여 있다. 이렇게 무작정 기다리다 저녁이 되면 큰일이다. 황소바람이 또 떼를 지어서 밤새도록 방으로 기어 들어올 것이다. 정말 더 이상은 황소바람과 싸울 자신이 없다.

신입 방이 아닌 미 지정 방이나 공장으로 출역을 하는 것이 차라리 나을 것 같았다. 어차피 이곳 공주교도소에 살려고 이송을 왔으니, 하루라도 빨리 출역을 하는 것이 나을 거라는 생각이 들었다.

쇠뿔도 단김에 빼랬다고 담당 교도관을 불러서 관구실 계장님 면담을 요청했다. 점심을 먹고 나니 관구실에서 계장님이 찾는다고 교도관이 데리러 왔다. 사투리도 많이 안 쓰고 침착하게 하는 나의 말을 계장님은 한참을 들어주었다. 단순하게 너무 추워서 빨리 공장에 가서 일을 하고 싶다고 솔직하게 말했다. "충분히 이해가 된다. 알았다."라며 들어가서 기다리고 있으라는 확답을 듣고 나서야 방으로 들어왔다.

한 시간 정도 흘러서 짐 챙기라는 연락이 왔고 공장으로 출역이라는 말을 들었다. 너무 쉽게 출역이 성사되었고 새로운 곳에서의 나의 새로운 징역살이가 시작되었다.

이제 한 열흘만 있으면 2000년도의 새해가 밝을 것이고 내 나이 스물여섯이 된다. 이렇게 나의 공주교도소에서의 생활이 시작되었다.

황소바람

네가 그놈이구나!

정말 대단하다
역시 '명불허전'
제법이다

하지만 미안해서 어쩌지
그땐 몰랐지만
지금 나에겐 신문지와
딱풀이 들려 있다

요거 하나면
넌 복도에서 딴 방을
기웃거려야 할 것이다
나도 이제는 제법이거든

05
진돗개 두 마리

한 거실에서 열 명이 생활하는 특수한 공간이기 때문에 정말 원초적인 문제로 골치 아플 때가 가끔 있다. 그중에서도 가장 급한 것이 생리현상이다. 소변은 그럭저럭 상관이 없는데 대변이 문제이다. 똑같이 먹다 보니 거의 대변보는 시간도 비슷해질 수밖에 없다.

한 사람이 화장실에 들어가서 오 분만 대변을 보고 나온다 해도, 거의 한 시간에 가까운 시간이 소요된다. 하지만 아무리 빨라도 성인들이 화장실에 들어가면 최하 이십 분 정도가 기본이다. 어쩔 수 없이 아침만 되면 서로 눈치작전이 시작되고, 시간을 체크하고 짐작해보면서 급한 사람 순서대로 일을 보게 된다. 그런데 그것이 사람의 생각대로 정확하게 준비된 일이 아니라서, 갑작스런 돌발 상황이 생길 때도 있다. 참을 수 있다고 생각해서 먼저 들어가라고 양보했는데 금방 신호가 온다. 그때는 절체절명의 위기의 순간이 된다.

참고 참다가 결국엔 온몸을 비비꼬면서 화장실 앞에 가서 안에서 대변을 보고 있는 사람에게 외친다.

"진돗개 두 마리."

진돗개 두 마리란? 북한군이 도발했을 경우에 우리 군에 대통령 명으로 내려지는 명령으로, 그때는 최고의 긴박한 실제상황이라는 준전시상태나 마찬가지다. 실제로 최악의 실제상황인 것이다. 여기에서도 일주일에 두 번 정도는 이와 맞먹는 '진돗개 두 마리'의 상황이 연출된다.

교도소의 화장실은 문은 있지만 그 문이 투명하게 만들어져 있기 때문에, 밖에서도 대변을 보고 있는 사람이 다 보이고 안에서도 다 보인다.

냄새만 밖으로 나오지 못하게 할 뿐 밖에서 수형자들의 동태파악이 용이하게끔, 화장실 문을 투명 강화유리로 만들었고 방 사람들도 서로 볼 것 안 볼 것 다 보는 사이가 된다.

평소 똥을 잘 싸던 사람도 낯선 곳에 가면 긴장이 되어 볼일을 잘 보지 못하는데, 모두가 훤하게 보이는 상태에서 대변을 보는 것이 결코 쉬운 일은 아니다. 그러다 보니 하루 이틀 대변을 미루게 되고 결국엔 변비까지 생기게 된다.

더군다나 장 활동도, 활발하게 움직이다가 갑자기 좁은 공간에서 움직임도 줄고, 담배나 술을 끊어서 이유 없이 달달한 음식이 생각이 나서 먹은 간식으로 장 활동이 원활하지 않게 된다.

이렇게 똥을 못 싸는 현상이 길어질수록 배는 튀어나오고, 얼굴은 시커멓게 다크서클이 턱까지 내려오고 심하면 두통까지 생기게 된다.

그렇게 며칠을 말도 못하고 끙, 끙, 앓다가, 쌓이고 쌓였던 대변을 드디어 시원하게 보는 날이 온다. 온몸의 꽉 막혔던 기까지 뻥하고 뚫렸기 때문에 본인은 상쾌하겠지만, 방 안의 사람들은 또 한 번의 긴박한 '진돗개 두 마리' 실제 전시상황이 되고 만다.

이번에는 개인의 실제상황이 아니다. 방 전체가 독가스 화생방과 같은 실제 전시체제하의 '진돗개 두 마리' 상태가 된 것이다.

도망갈 곳도 없고 숨을 곳도 없다. 화장지를 말아서 코에 끼는 사람부터 창문 쪽으로 뛰어가서 창살에 얼굴을 대고 숨을 쉬는 사람까지, 살기 위한 저마다의 몸부림은 치열하고도 다양하다.

그렇게 살다 보니 이곳에 있던 사람들이 사회에 나가면 서로 연락을 하면서 잘 지내게 되는 것이고, 한 번씩 생각을 잘못해서 같은 교도소 동기가 공범이 되어 뉴스에 나오기도 한다.

06
국가대표

    2002년 대한민국은 열광의 도가니였던 월드컵을 성공적으로 치른 후 축구에 대해서만큼은 모든 국민들이 박사가 되었고 축구에 대한 사랑이 최고조에 달하고 있다.
    한때 여자들이 가장 싫어했던 이야기 중의 하나가 군대와 축구 이야기였다. 눈치 없이 군대에서 공 차던 이야기를 하다가는 축구공처럼 차이기가 일쑤였다. 그런데 이제는 여자들도 축구선수를 가장 좋아하는 시대가 되었다.

    교도소 안에서도 A매치 국가대표 간의 경기가 수형자들의 TV시청 시간과 비슷하기만 하면 경기를 생방송으로 보여 준다.
    축구장 안에는 열한 명의 선수들이 죽어라 뛰고 있지만 결코 그 선수들이 전부가 아니다. 항상 또 다른 후보 선수들이 벤치에 앉아 있기도 하고, 벤치 주위에서 언제 교체될지 모르는 상황에 대비해서, 몸을

풀며 경기의 흐름을 바짝 긴장한 채 매의 눈으로 지켜본다.

거의 매일 녹화된 드라마나 시시한 예능프로만 보다가, 생중계되는 축구를 보게 되면 구십 분 내내 손에 땀을 쥐고 시청한다. 군대에서 축구를 보면 재미있듯이 교도소에서도 정말 재미있다.

교도소에서 축구를 시청하는 구십 분 동안 수형자들은 전부 히딩크 감독이 된다. 무슨 작전들과 할 말들이 그렇게도 많은지, 한 번씩 우리 편 공격수들이 골대 앞에서 헛발질이라도 하게 되면, 교도소 전체에 "아―" 하는 탄식 소리가 울려 퍼진다.

몇몇 수형자들은 서로 경기의 스코어 맞추기라든지, 서로의 승패를 미리 점찍어 놓는 소위 '토토'라고 하는 게임을 하며, 서로가 손에 땀을 두 배로 쥐며 경기관람을 한다.

그래봤자 우표 몇 장을 걸거나 만만한 오징어 내기가 전부이지만, 그거라도 걸어놓고 경기를 보면 박진감이 장난이 아니다. 간혹 알게 모르게 우표를 많이 걸고 축구를 보는 수형자들도 있지만, 그렇게 되면 거의 말뿐이고 경기가 끝나면 서로 유야무야 돼 버리는 경우가 허다하다.

모두가 경기의 승패에 관심을 갖고 있지만, 나는 축구를 볼 때마다 한 번씩 비춰주는 후보 선수들에게 더 많은 관심이 간다.

몸의 열이 식지 말라고 두꺼운 코트 같은 옷을 어깨에 걸치고, 아무 표정 없이 침착하게 그라운드를 지켜보고 있지만, 그 속마음까지 속일 수 없다는 것이 눈에 보인다.

구십 분간의 경기를 위해서 준비했던 많은 시간들은 결코 벤치에 앉아서 눈으로만 지켜보려고 준비한 것이 아니기 때문에, 일 분 일 초의 시간이 흘러갈 때마다 후보 선수들은 아마도 속이 시커멓게 타들어 가고 있을 것이다. 그 선수들이 경기를 보면서 느끼는 마음은, 아마도 지켜보는 관중들하고는 차원이 다를 것이다. 또한 직접 경기장 안에서 뛰고 있는 선수들 역시도, 후보 선수들을 눈으로 직접 보게 되면서 생각하는 마음이 나름대로 있을 것이다.

아무리 국가대표 최고 선수라고 해도, 벤치에서의 후보 선수 시절은 누구나 있다. 한 번씩 컨디션 관리가 안 되거나 부상을 당하게 되면, 어쩔 수 없이 벤치에 앉아서 다른 선수들의 경기를 지켜볼 수밖에 없다. 벤치에 앉아있는 시간을 부끄럽게 여기고 거부한다면, 아마 그 선수는 평생 그라운드에는 나가보지도 못하는 신세가 될 것이다.

그리고 후보 선수로 벤치에 앉아 있을 용기도 없고 그 후보 선수가 될 만한 능력도 되지 않는 사람들은, 과연 자신은 그런 말을 할 수 있는 자격이 되는지 한번쯤 생각해 봤으면 좋겠다. 비단 축구 시청 때뿐만이 아니라 모든 일상에서 직접 뛰지도 않고 그렇다고 뛰려고 준비도 하고 있지 않으면서, 모든 걸 다 아는 사람처럼 부정적으로 말을 하는 사람들이 이곳에서든 사회에서든 참으로 많다. 해보지도 않고 벌써부터 답을 내려놓고 왈가왈부한다. 아마 물에 빠지면 입만 둥둥 떠 있을 사람들이다.

얼마 전 인천공항으로 입국하는 국가대표 팀에게 계란을 투척하는 일이 있었다. 아무리 화가 나도 하면 안 되는 행동이었다고 생각한다. 모든 경기는 최선을 다했음에도 불구하고 질 수가 있다.

나라를 대표해서 뛰는 국가대표가 지고 싶어서 지겠는가! 직접 뛰라면 뛰지도 못할 사람이, 국가대표에게 과연 계란을 던질 자격이 되는 사람인지 그것이 정말 궁금하다.

잘하면 신문에 온통 도배를 하면서 부추기고, 몇 번 못하면 제일 먼저 감독을 잘라 버리는 대한민국의 축구사랑은 정말 문제가 있다.

진정 축구를 사랑하고 대한민국 축구가 발전하길 바란다면 승패에 연연하지 말고, 패했을 때는 진정으로 위로해 주는 지속적인 관심이 선수들에게는 가장 큰 힘과 위로가 될 것이다.

하지만 현실은 평상시에는 아무 관심도 없다가 A매치만 열리면 미친 듯이 열광하면서 "오, 필승코리아"를 외치는 사람들이 아직은 더 많은 것 같다.

공익광고에도 나온다. "나는 대한민국을 사랑합니다. 구십 분만" 구십 분 동안 열광하다가 축구경기가 끝나면 언제 그랬냐는 듯이 아무런 관심이 없다.

항상 그래왔다. 게다가 관심이 공격수에게만 집중되는 경향이 있는데, 축구는 절대 한두 명의 선수가 잘한다고 이기는 것이 아니다.

축구는 열한 명의 선수들이 하는 경기이고 그 열한 명보다도, 더 관심을 가지고 지켜봐야 하는 선수들은 다름 아닌 벤치에 앉아있는 후보 선수들이다. 지금 후보 선수라고 해서 그들이 평생 후보 선수로 남는 것은 아니다.

교도소에 살고 있는 수형자들은 모두 얼마 안 있으면, 사회라는 그라운드에 나가서 치열하게 뛰어야 할 후보 선수들이다.

벤치에 앉아 있는 지금의 시간들은 앞으로 뛸 시간들을 위해서 소중하게 쓰여야 한다.

어차피 한 번뿐인 당신의 인생을 평생 벤치에 앉아서 썩히고 싶지 않다면, 후보 선수일 때 최선을 다해서 모든 걸 걸고 올바르게 살아가는 연습을 하는 데 집중해야 한다.

왜냐하면 자신의 인생에서는 자신이 바로 국가대표 선수이기 때문이다.

07
수제비

    한 달 동안 공장에 나가 열심히 일을 했다. 미결기간 동안 방 안에서만 생활하다가 공장에 출역을 해보니, 몸은 많이 피곤하지만 하루하루가 활기차고 시간이 잘 갔다.
    공장의 직책은 이미 모두 자리가 있어서 아직 나에게 어떤 직책이 주어진 것은 아니지만, 원체 가만히 있는 것보다 움직이는 것을 좋아하는 나에겐 공장 생활이 적성에 잘 맞았다.

    세면장 뒤쪽에서 하루 종일 김치찌개도 만들고 계란프라이도 만들며 종일 시간을 보내고 있는데, 오늘은 작업 과에서 밀가루 두 포대하고 마늘, 파, 양파를 건네받았다. 작업과에 이 주 전에 신청한 재료가 오늘 나왔다.
    공장 담당 주임님께 취사장에 연락해서 4공장 수제비한다고 미리 전화를 해두고 반죽을 시작했다. 공장사람들 모두 먹으려면 반죽을 꽤 많이 해야 한다. 어린 동생 두 명을 데리고 작업하는 곳에 방해되지 않게 공장 맨 뒤쪽으로 데리고 갔다.

굵은 소금을 물에 녹여서 밀가루에 넣고 커다란 플라스틱대야에 반죽을 신나게 시작했다. 땀을 뻘뻘 흘리며 한참을 반죽해서 비닐에 감싸두고 파와 양파를 플라스틱 칼로 잘랐다. 마늘도 깨끗하게 씻어서 다진 후 네 명이서 재료를 들고 공장 관구실로 갔다.

그곳에 가면 공장총감독계장님 밑에 주임님이 있고, 바로 밑에 수형자들의 이동상황에서 계호를 맡고 수시로 공장의 자잘한 일들을 도와주는 부장님이 있다. 그 부장님께 부탁을 하여 취사장으로 갔다.

네 명이 취사장에 도착하면 미리 연락을 받은 취사장에서는 큰 통에 물을 펄펄 끓여놓고 있다. 우리는 취사장에 도착하자마자 준비해 온 온갖 양념을 먼저 넣고, 펄펄 끓는 물 위로 반죽을 부랴부랴 뜯어서 던져 넣는다. 최대한 서둘러야 붇지 않은 쫄깃쫄깃한 수제비를 먹을 수가 있다.

모두가 정신없이 반죽을 뜯어 넣는 동안 나는 잠깐 취사장에서 일하는 후배를 만났다. 객지에서 한동네에 살던 후배를 만나니 정말 간·쓸개라도 다 빼주고 싶을 정도로 반갑고 또 반가웠다.

오랜만에 손을 잡고서 이런저런 이야기를 하고 있는데 동생이 "형님, 해줄 건 없고 조금 이따가 취사장 담당 교도관이 안 볼 때 수제비에 양념이나 많이 넣어드릴 테니, 맛있게 드십시오." 한다. 그리고 나서 잠시 후 양파하고 다시마를 끓는 물에 듬뿍 넣어준다.

고맙게도 해줄 수 있는 것이 마음뿐이지만 그래도 선배라고, 양념을 듬뿍 넣어주는 후배의 마음이, 객지인 교도소라서 그런지 더 고맙게 느껴졌다.

펄펄 끓는 수제비가 다 익으면 큰 스테인리스 국통에 두 통으로 나누어 담아서, 리어카에 싣고 네 명이 끌고 공장으로 간다. 큰 운동장 중간을 가로질러 공장 쪽으로 가고 있으면, 멀리 취사장 쪽에서 리어카를 끌고 오는 것을 보고 작업을 중단한다. 신문을 작업대 위에 펼치고 김치도 썰어서 그릇에 담고, 모두들 수제비 먹을 준비를 미리 하고서 기다리고 있다.

일 층에 리어카를 대고 두 명이 국통을 하나씩 들고 공장으로 올라간다. 국통을 자리에 놓고 손잡이가 달린 긴 바가지를 들고서, 피난민 수용소에서 급식을 하듯이 일렬로 줄을 세우고 한 명씩 먹을 만큼 듬뿍듬뿍 퍼준다. 아마도 사회였다면 수제비가 이렇게 인기가 있진 않았을 텐데, 한 번씩 이렇게 수제비를 해먹는 것은 징역살이 중에 정말 잊지 못할 별미 중의 별미다.

나 역시 사회에서는 수제비를 별로 먹지 않았지만, 이곳에서 먹는 수제비 맛은 뭐라고 표현하기 힘들 정도로 입에서 살살 녹는다.

수제비의 양을 공장의 인원수보다 많이 했는데도 금방 바닥을 보인다. 일찍 줄을 서서 먼저 다 먹은 사람들 몇 명 중에는 더 받으러 오는 사람도 있다. 음식을 만드는 사람 입장에서는 내가 만든 음식을 맛있게 땀을 뻘뻘 흘리면서 먹는 사람을 보면 만든 보람을 느낀다. 그래서 게 눈 감추듯 후루룩 먹어치우고는 또 달라며 빈 그릇을 들고 오면 안 줄 수가 없다. 줄 것이 모자라면 내가 먹으려고 미리 한 그릇 퍼놓은 것까지 줘버린다.

수제비는 서민들이 즐겨 먹던 음식이고 한국 사람들의 입맛에 오랫동안 길들여져 있기 때문에, 만들기가 쉬우면서도 까다롭고 어려운 음식이라고 할 수 있다. 수제비를 할 때마다 공장사람들은 내가 주도해서 만든 수제비가 가장 맛있다고 칭찬을 하고 기대를 한다.

특별한 음식 조리에 대한 기술이나 재주는 없지만, 나는 일단 음식을 시작하면 온 정성과 함께 양념을 아끼지 않는다. 양념 중에서도 야채를 많이 넣어야 제 맛이 난다.

사실은 내가 만들면 맛있는 수제비가 될 수 있었던 초특급 비법이 있었다. 그 당시에 아무한테도 말할 수 없었던 비법은 바로 내가 알고 있는 취사장에 있는 후배였다.

취사장에서 일하고 있는 고향 후배 덕분에 항상 야채와 갖은 양념을 많이 넣을 수 있었기 때문에, 음식을 먹은 사람들은 내가 음식을 특별히 잘한다고 생각했다.

그렇게 한 달에 한 번씩 만들어 먹는 수제비가 은근히 기다려지는 새로운 달이 되면, 우리는 또다시 땀을 흘리며 수제비 반죽을 하면서 시간이 지나가는 것을 실감한다.

방에서 생활할 때하고 공장에서의 생활은 정말 천치 차이가 난다. 거실에서만 생활하던 미결 때는 이런 음식은 꿈도 못 꾼다. 맨날 '어떻게 하면 재판을 잘 받아서 사회로 나갈 수 있나.' 하는 생각 속에 빠져 살고 있기 때문이다. 재판이 모두 끝난 후의 공장 생활은 이제는 모든 걸 내려놓고, 적응해서 정신없이 바쁘게 살고 있기 때문에 의외로 생활에 활력이 넘친다. 특히나 한 번씩 이렇게 특식을 만들어서 여러 공장사람들하고 나눠먹을 때는, 단체생활이라서 그런지 더 맛이 있다.

그런데 항상 취사장에 수제비를 만들러 갈 때마다 반갑게 맞아주던 후배가 먼저 출소를 했다. 이상하게도 그 후부터는 공장사람들이 수제비가 맛있다는 말을 하는데도 불구하고 수제비는 항상 남았다. 음식은 역시 뭐니 뭐니 해도 정이 듬뿍듬뿍 들어가야 맛있다. 정호야 그땐 네 덕분에 정말 맛있게 잘 먹었다. 항상 고맙게 생각한다.

08
희망이라는 비상금

 사람들은 누구나 자기만 알고 있는 곳에 비상금을 숨겨둔다. 그것은 본인의 신상에 무슨 일이 생기거나 정말 급전이 필요할 때 사용하려는 목적과, 살고자 하는 희망의 메시지가 담겨있는 소중한 돈이다.
 희망을 가진 사람의 지갑을 뒤져보면 꼬깃꼬깃하게 접힌 돈이 숨겨져 있다. 어떤 갑작스런 일이 생겼을 때 요긴하게 사용하겠다는 마음으로, 그 돈을 아끼고 아껴서 끝까지 소중하게 간직한 것이다.

 내가 아는 지인 중에는 지갑이 아니라 휴대폰 배터리 뒷면에 만 원짜리 한 장을 항상 끼워놓은 사람이 있다. 지갑도 아닌 그곳에 왜 돈을 끼워두는지 물었더니, 그 친구는 "집 앞에 잠깐 나오거나 급하게 차에서 내리거나 할 때도 휴대폰은 항상 챙기기 때문에, 혹시나 하는 마음으로 휴대폰에 만 원을 넣어 두었다."고 했다.
 이처럼 급한 상황이 생길 때를 대비한 비상금은 때가 되면 요긴하게 쓰인다. 그런데 아이러니한 것은 희망이 사라지는 그 순간에도 그 돈이 쓰이게 된다는 점이다.

　희망이 없는 이상 미래도 없기 때문에, 그 비상금의 진정한 의미가 사라지는 것이며 마치 그 사람의 감정마저 상실되는 것 같다. 아무런 희망이 없는 삶은 그저 하루하루를 먹고 싸는 일이 전부인 짐승보다도 못한 삶이다. 그래서 인간에게는 희망이 꼭 필요하다.

　이곳에서 생활을 하는 한 교도관들을 안 보고 살 수는 없다. 희망이 있는 사람들은 싫든 좋든 교도관들과 마주치게 되면 꾸벅하고 인사를 먼저 한다. 그들 대다수는 가족들을 먼저 생각하고 나가면 할 일이 있고 본인의 목적과 희망이 분명한 이들이다. 그 때문에 지금의 현실이 아무리 힘들지라도 열심히 살아 보려고 악착같이 희망의 끈을 꼭 잡고 살아간다.

　교도관들도 그들이 희망을 품고 있다는 것을 알고 있기 때문에, 인상을 쓰고 함부로 하고 윽박지르면서 막 대한다. 희망이 있는 그들은 교도관에게 화를 내거나 막 나가지 않는다는 것을 잘 알고 있기 때문이다. 희망이 있는 사람들 대부분은 교도관이 함부로 대해도 꾹 참고 이해하려고 노력하고 '내 탓이오' 하면서 참아 낸다.

　그럴 때마다 대다수의 수형자들은 절망을 느끼기도 하지만, 그건 정말 잠시일 뿐 금방 지나간다. 무조건 살아서 이곳을 나가야 한다는 희망이 있기 때문에, 운동 시간 삼십 분도 죽어라 뛰는 것이다. 맛이 없는 음식도 살아야 하기 때문에 맛있게 먹으면서 하루하루 최선을 다하며 생활을 한다. 하지만 그 희망이 사라진 수형자는 한순간에 거

칠고 난폭하게 변해 버린다. 어제까지만 해도 얼굴에 웃음이 있었고, 눈을 쳐다보면서 무슨 말을 해도 들으려고 귀를 기울이던 그 사람이 아니다.

다른 사람이 무슨 말을 해도 들으려 하지 않고 얼굴에 웃음기도 전혀 없다. 옆에 사람을 의식하지도 않고 차가운 느낌만이 감돈다. 더 이상 그에게는 아무런 두려움과 부끄러움도 없다. 이미 그 인생에서 희망이란 단어를 지워 버렸기 때문에 미래도 없고 될 대로 되라는 식이다. 그런 사람들은 교도관들도 대번에 알아본다.

어제까지만 해도 반말을 하며 함부로 대하던 그 사람에게 공손해지면서 말을 올린다. 이제는 정반대로 오히려 수감자들이 교도관에게 막말을 하게 되고, 욕까지 하면서 막 나가는 문제수로 전락해버린다.

교도소에서는 희망을 잃어버린 수형자들이 제일 무서운 사람이다. 어느 순간 옆자리의 동료가 싸늘한 얼굴을 하면서 웃음을 잃어버렸다면, 이젠 더 이상 다정한 동료가 아니고 우리가 경계하고 조심해야 될 대상일 뿐이다.

교도소에서 희망이란 한 사람의 인생이 긍정적이고 활기차게 살아갈 수 있도록 하는 근원적인 힘이다. 이미 희망이라는 비상금을 몽땅 써버린 마음이 가난한 사람은, 이곳에서도 가장 무서운 사람으로 취급을 받는다. 그러니 우리는 희망의 비상금이 날마다 조금씩 조금씩 불어날 수 있도록, 잘 관리하여 항시 마음속 희망의 잔고를 잘 붙들어 두어야 한다.

09 달리기

    기결수와 미결수의 가장 큰 차이점 중의 하나는 바로 운동이다. 미결에서의 운동은 이십 평 정도의 좁은 운동장에서, 빨리 걷거나 뛰는 것이 전부이지만 기결수는 다르다.
    운동 시간도 삼십 분 이상에서 한 시간 사이이고 운동을 하는 운동장 자체가 웬만한 중학교 정도의 큰 운동장이기 때문에, 농구, 테니스, 족구, 땅 탁구, 달리기 등을 해도 운동하는 맛이 제대로 나서 시원하고 상쾌하다.

    족구나 농구 등을 하면서 내기도 하고 치열하게 경기하다 보면, 스트레스도 확 풀리는데 신기한 것은 모두 운동을 정말 잘한다. 농구도 교도소에 들어와서 처음 배웠다는 사람들이 웬만한 농구 선수는 저리 가라 할 정도이다. 나 역시도 운동이라면 한 가닥 한다고 자부하기 때문에, 운동 시간이 하루 중에 가장 신나는 시간이다.

그렇게 운동을 시작한 지 얼마 되지 않아 공장의 반장으로 계시는 선배의 나이가 오십에 가까운데, 운동 시간 사십오 분 동안 한 번도 쉬지 않고 마라톤을 하는 모습을 보게 되었다.

하루도 빠짐없이 비가 오나 눈이 오나 열정적으로 뛰는 모습을 보고 나도 뒤따라 한 번 뛰었다. 그냥 멀리서 뛰는 모습을 바라보는 것과 바로 옆에 붙어 내가 직접 뛰는 것은 정말 달랐다.

나이도 어리고 평생 운동만 한 나보다 반장님이 더 잘 달렸다. 처음에는 장난삼아 뛴 것뿐인데 달리다 보니 생각보다 힘들고 자존심이 상했다. 방에 들어와서도 당장 내일의 운동 시간이 빨리 왔으면 하고 기다리게 되었다. 다음 날 운동 전에 미리 몸을 풀고 운동화 끈을 단단히 졸라매었다. 모든 운동에는 과할 정도로 승부욕을 가진 나라서 이십대 중반인 나보다, 나이가 두 배나 많은 선배님 뒤를 겨우겨우 따라 간다는 것에 나는 은근히 상처를 받았다.

변명처럼 들릴 수도 있겠지만 한 일 년 동안의 미결생활에서의 운동은 한계가 있었다. 기껏해야 조그만 운동장을 뛰는 것이 전부였고 양말에 신문지나 비닐봉지를 뭉쳐서 둥글게 만들어서, 물병을 하나씩 세워놓고 3:3 정도로 방 안에서 미니축구를 한 것이 유일한 운동이었다.

땀이 날 만하면 끝나는 아쉬운 운동 시간이 끝이 날 때면 오히려 더 스트레스를 받곤 했다. 그런 열악한 운동의 환경 속에 있어서 그런지 몸이 많이 둔화되었다. 큰 운동장에는 아직 적응이 되지 않았다.

어쨌든 일단은 무조건 따라 뛰면서 조금씩 컨디션을 찾아야 했고, 이것저것 생각 없이 막 먹어대던 식습관까지 조절하면서 몸을 만들었

제1부 공주교도소의 황소바람

다. 사십오 분을 한 번도 쉬지 않고 꽤 빠른 속도로 끝까지 뛰는 것은 결코 쉬운 일은 아니다. 하지만 나는 악착같이 공장 반장님 뒤에 바짝 따라 뛰었다.

며칠 동안 그 모습을 지켜보던 후배가 나에게 한마디 했다. "형님, 원수진 사람 잡으러 가는 사람처럼 악으로 뜁니까." 남이 보기에는 내 모습이 운동을 하는 것이 아니라, 악으로 깡으로 무작정 이를 악물고 뛰는 것처럼 보였나 보다. 실제로 그런 마음으로 뛴 것은 사실이다.

안 하던 운동을 갑자기 해서 그런지 발가락에 물집이 생겼다. 아픈 것을 참고 그 물집을 터뜨린 다음 대일밴드 하나 붙이고, 그 위에 양말을 신고 뛰어서 발도 엉망이 되었다. 남이 보기에는 고통스럽게 보였을 수도 있지만, 아무리 고통이 심해도 뛸 때만큼은 온정신을 집중해서 뛰었다.

정말 달리기만큼 힘든 운동은 없다고 생각한다. 농구나 족구 등은 이것저것 다양한 운동 테크닉이 있기 때문에, 경기를 할 때 서로 공격과 방어에 집중을 하다 보면 힘들어도 정신없이 시간이 간다. 달리기는 단순하면서도 뛰는 중간에 계속 자신에게 마음속으로 독려를 해야되고, 고통스런 싸움을 해서 이겨내야만 골인 지점에 닿을 수 있다.

나는 달리기를 하면서 많은 생각을 한다. 몸이 달리기를 위해서 출발을 하면, 더 이상 머리를 쓸 필요는 없지만 이런저런 생각이 머릿속에 가득하다. 점점 숨이 차도 머릿속은 이미 딴생각에 집중이 되어서 고통을 느끼지 못하고 달릴 수가 있다. 그렇게 달리기를 하면서 육체를 단련하는 것도 좋겠지만, 약해지는 정신 상태를 단련하는 것도 정말 좋은 방법 중의 하나이다.

현재의 나는 미결이지만 운동 시간이면 조그만 운동장을 삼십 분 동안 다람쥐처럼 열심히 뛰어서 돈다. 옛날에는 달리면서 사회생각이나 가족들 생각을 많이 했는데, 요즘은 그냥 속으로 왼발이 나갈 때 '감사' 오른발이 나갈 때는 '행복'이라는 말만 계속 반복하면서 신나게 달린다.

처음에는 뛰다가 깜빡깜빡 해서 발도 잘 안 맞고 엉뚱한 생각을 하고 있을 때가 많았다. 일 년 정도 계속 연습을 하다 보니 뛸 때만 '감사'와 '행복'을 외치는 것이 아니라, 이제는 어디를 갈 때도 자동으로 마음속으로 '감사'와 '행복'이 발맞춰 저절로 나오게 된다.

성경에서는 창조주 하나님께서 흙으로 사람을 만들고 '후'하고 생명을 불어 넣어 주실 때, 하나님의 유전자도 모두 인간에게 들어왔다고 한다. 하나님이 말씀으로 모든 것을 창조하셨듯이 사람도 말을 하면 그대로 이루어진다고 생각한다. 그래서 나는 항상 속으로든 겉으로든 '감사'와 '행복'을 외쳤다. 그러다 보니 어느 순간부터 정말 나에게 매일 감사하고 행복한 일들이 생기기 시작했다. 달릴 수 있어서 감사하고 이렇게 글을 쓸 수 있어서 행복하고, 아침에 눈을 떠서 감사하고 밥을 먹어서 행복하고, 시원하게 똥을 쌀 수 있다는 것도 감사했다.

그렇게 공주교도소에서 악으로 깡으로 연장자인 반장님을 헐떡거리면서 겨우겨우 사십오 분을 따라 뛰던 내가, 겨울이 지나고 봄이 다시 찾아왔을 때는 날리는 꽃가루 속을 기분 좋게 웃으면서 사십오 분을 시원하게 뛰고도 운동이 끝나기 오 분 전에는 전속력으로 질주했다.

운동으로 인해서 온몸이 땀으로 흠뻑 목욕을 한 것처럼 젖은 날은 밥맛도 좋고 저녁에 잠도 잘 왔다. 하지만 비가 내리는 날이나 일요일은 운동 시간이 없기 때문에, 월요일 날 뛰게 되면 처음 이십 분 정도는 굉장히 몸이 무겁고 많이 지친다. 그럴 땐 다른 방법이 전혀 없다. 무조건 두 배로 더 열심히 뛰는 것만이 최선의 방법이다.

그렇게 한겨울 동안 나는 달리기로 몸의 컨디션을 최고의 상태로 끌어올릴 수가 있었다. 봄이 오면서 얼어있던 모든 대지들이 풀리듯이 나의 굳어있던 몸에도 다시 봄이 찾아왔다. 처음에는 선배를 따라잡기 위해 시작한 달리기였는데, 어떤 보약보다도 내 몸과 정신건강에 도움이 되었다.

10
이놈 아저씨

　나는 아기들을 정말 좋아한다. 등에 업혀있는 아기에게 윙크도 하고 웃긴 표정을 지으면, 아기들은 호기심 가득한 눈으로 나를 말똥말똥 쳐다본다. 아기들을 보면 볼수록 너무 예쁘고 귀엽다. 하지만 울고 있는 아이를 등에 업은 할머니와 엘리베이터에서 만나면 나의 입장이 상당히 난처해진다.

　울던 아이를 달래던 할머니는 큰 응원군을 만난 듯이 아이한테 말을 한다. "수진이 이제 큰일 났다. 아저씨가 이놈 한다."라고 말을 하는 동시에 나와 아이의 눈이 서로 마주친다.
　나는 아기에게 "이놈" 할 생각이 전혀 없다. 아기도 '넌 대체 뭐야.' 하는 눈빛과 혹시나 하는 두려움이 섞인 표정으로, 나를 쳐다보기 시작하며 살짝 긴장하는 것 같더니 다시 칭얼댄다. 이제 나는 어쩔 수 없이 할머니한테 등 떠밀리듯 '이놈'을 해야 될 난처한 처지이다. 할

머니가 나를 쳐다보면서 윙크까지 한다.

　이건 윙크가 아니고 대놓고 얼굴을 찡그리면서 빨리 한마디 하라는 무언의 압력이다. 아기에게는 미안하지만 "이놈"하고 한마디 하고는 눈도 마주치지 않고 내려 버린다. 뒤도 돌아보지 않고 걸어 나오면 바로 등 뒤에서 "아—앙"하고 크게 우는 아이의 울음소리가 들린다. 아이를 달래려고 한 행동이 오히려 아이를 더 자극시킨 셈이다. 다른 사람이 "이놈"이라고 해도 못 하게 지켜줘야 하는 할머니가, 오히려 아저씨를 부추긴다는 것을 느낌으로 아는지 아기는 목청 높여 더 울기만 한다.

　교도소에서도 이와 비슷한 일들이 있다. 사형수 옷에 달려있는 수번은 빨간 천으로 되어있고 그 빨간 천 안에는 숫자가 적혀 있다. 마약사범들은 파란색 수번 천에 숫자가 적혀 있다. 하지만 조직폭력배들은 제일 잘 보이는 노란색이다. 이곳에서는 노란수번을 차고 있는 사람은 항상 난폭하고 성질이 더럽고 무식하다는 편견이 있는 모양이다.

　한번은 밤늦게까지 글을 쓰고 있는데 직원이 순찰하다가 한마디 한다.

　"선후배들이 참 열심히 하니 보기가 좋네요."

　옆방에도 노란수번을 달고 있는 후배가 한 명 있다. 밤늦게까지 글을 쓰고 있나 보다고 생각을 했다. 며칠 뒤 운동 시간에 같이 걷다가 물어 보았다.

　"너 밤에 글 쓰나?", "글보다는 한글을 잘 몰라서 받아쓰기 연습하고 있습니다." 나는 순간 뭐라고 할 말이 없어서 열심히 하라고 했지만 씁쓸했다.

직원이 순찰하면서 그 모습을 보고는, 아마도 조직폭력배 선후배들이 보기 좋게 받아쓰기 연습을 하고 있는 것으로 여겼을 것이다. 대화도 한 번 안 해 보고 겪어 보지도 않았으면서 대체로 노란수번은 말이 잘 안통할 거라고 생각한다.

모르는 성인 남자를 모두 "이놈 아저씨"로 만들어 버리는 것처럼, 가슴에 노란 수번의 수형자들은 '착하게 살자'라는 문신을 하고, 밤늦게 받아쓰기 연습을 하고 있을 거란 편견은 버렸으면 좋겠다.

특히나 조직 폭력배들은 힘없는 사람들을 괴롭히고, 자릿세 내놓으라고 행패만 부리는 드라마 속에서의 상황도 현실과는 맞지 않은 부분이 많다.

세월이 지나도 대한민국 성인 남자는 손주 업은 할머니를 만나면 '이놈 아저씨'가 될 것이고, 조직폭력배들이 시장에서 자릿세 타령하는 드라마 상황도 아마 변하지 않을 것 같다.

한번 조직폭력배라는 낙인이 찍혀 버리면 그 사람은 다음에 교통사고를 내도 노란수번이고, 평생 뭘 해도 그 낙인을 지울 수가 없는 현실이 아쉽다. 이제는 우는 아기 앞에서 더 이상의 '이놈 아저씨'는 사양하고 싶다.

제2부

특수한 직업

11
동명이인

인생을 살다 보면 같은 이름을 가진 사람을 만날 때가 있는데, 이곳에서는 서신이나 접견 때 이름 대신 수번을 사용하기 때문에 이름을 헷갈릴 일이 없다. 그런데 가족들이나 지인들이 교도소 안의 상황을 잘 모르기 때문에, 수번을 가르쳐주어도 쉽게 잊어버리고 이름만 적어서 보내는 경우가 왕왕 있다.

한 교도소에 동명이인이 없을 경우에는 그냥 이름만 적힌 편지도 전달 받는다. 하지만 보통은 동명이인이 있어서 수번이 적히지 않은 편지는 반송이 된다. 수감자들에게 반송시켰다고 알려주는 경우도 있지만, 그 서신이 정확히 내 것인지 아니면 나와 같은 이름을 사용하고 있는 다른 수형자의 것인지는 알 수 없다.

최근에 '상덕'이라는 나와 같은 이름을 쓰고 있는 분을 신문지면을 통해서 만나게 되었다.

'한국비구니복지실천가회 초대회장 상덕 스님' 법명으로 '상덕'을 쓰는 스님이라는 것도 놀랄 일인데 더구나 비구니 스님이다. '많은 사람들에게 큰 덕을 베풀라'는 뜻의 이름을 함께 사용하는 것도 인연이라는 생각이 들어서, 자세히 읽어 보니 말 그대로 '상덕'이라는 이름 그대로 평생을 살아오신 분이었다.

그녀는 사회복지가로서 이십 년 넘게 영등포교도소와 구치소에서 불교법회를 수년간 열고 있다고 했다. 같은 세대를 살면서 이름만 같았지 삶의 내용은 너무나 다른 것에 새삼 부끄러운 마음이 들었다.

한국 사람들의 이름에는 거의 대부분 큰 뜻이나 좋은 뜻이 담겨 있다. 그래서 보통 잘못된 행동을 하는 사람들에게 이름값도 못 하는 놈이라고도 한다. 이름은 거창한데 하는 행동은 그에 미치지 못하기 때문이다.

인디언들은 어떤 말이든지 만 번 이상 되풀이하면 반드시 그 일은 이뤄진다고 믿었다. 한국 사람들의 이름 뜻은 좋은 의미를 담고 있는 경우가 많다. 본인의 이름대로 산다면 한국은 정말 대단한 나라가 될 것이다. 자기 이름의 진정한 뜻을 알고 그에 걸맞게 노력을 하며 살아간다면 좀 더 나은 삶이 될 수도 있다. 하지만 잘되고 못되고 등의 결과적인 평가는 그리 중요하지 않다. 누구에게나 소중한 한 번뿐인 삶이고 자기 자신은 그 자체만으로도 가장 특별한 존재이다.

부모님의 사랑을 통해서 이 세상에 태어났지만 어떻게 살아야 할지 갈피가 잡히지 않는다면, 자신의 이름에 무슨 뜻이 담겨있는지 확인해 보면 도움이 될 수도 있다. 그리고 아주 조금이라도 자기 이름의

뜻처럼 살려고 노력을 한다면, 자신의 꿈을 이루기가 조금 더 쉬워질 것이다.

만약 모든 일이 순조롭게 풀리고 있다면 더 빨리 탄력이 붙게 될 것이다. 내 스스로 인생의 강물에 배를 띄워서 적극적으로 나아갈 때, 나의 이름은 순조로운 항해를 위한 바람이 되어준다. 목적지에 도착하였을 때 나의 이름은 지금보다 더 많이 빛나고 찬란해진다. 그리고 당신이 지금 잠깐 힘든 고비를 넘고 있다 해도 결코 좌절할 이유가 없다. 앞으로도 당신과 당신의 이름은 한 배를 타고 끝없이 항해를 할 것이기 때문이다.

폭풍과 파도가 없는 잔잔한 바다는 가슴을 고동치게 하지 못한다. 만약 아직도 가슴 뜨겁게 고동치는 당신의 심장이 숨을 쉬고 있다면 아직 항해는 계속되고 있다. 자기 이름의 뜻에 주어진 바람을 등에 업고 힘차게 열심히 노를 젓고 땀을 흘리면서, 하루를 열심히 즐겁고 행복하게 살아 나가자. 그 어떤 것보다도 소중한 당신의 이름에 걸 맞는 자신의 삶을 헤쳐 나가자. 당신이란 육체와 영혼은 동명이인이 절대 없기 때문에 무엇보다 더 소중하다.

바다

가슴속에 누구나
바다를 품고 살고 있다

썰물일 때도 있고
밀물일 때도 있고

거친 파도가 되어
모든 것을 삼켜
버릴 때도 있다

하지만 나는 지금
평온하고 잔잔하다

12
행복한 번데기

  이곳에서 먹을 것 다음으로 신경 쓰이는 것이 잠자리 문제이다. 다섯 평이 안 되는 좁은 방에 열 명 정도가 함께 생활하기 때문에 어쩔 수 없이 서로의 신체가 닿을 수밖에 없다.
  신경이 예민한 나는 여간 신경이 쓰이는 것이 아니다. 옆자리 동료가 코를 심하게 골거나 몸부림을 많이 치는 경우도 있다. 그런 문제로 서로 기분이 상하게 되어 사이가 멀어지고, 심하면 주먹질까지 하는 경우도 간혹 생긴다.

  내 의지와는 상관없이 먹고 자고 틀에 박힌 생활을 하며, 알게 모르게 갇혀 있다는 정신적인 압박감 때문에 깊은 잠에 들지 못한다. 항상 선잠이 들어 있기 때문에 옆 사람이 몸을 뒤척이며 조금만 바스락거리는 소리만 내도 깨는 경우가 허다하다. 몸은 피곤하지만 정신은 예민해져서 잠은 안 오고 무조건 자보려고 잠을 청해 보지만, 정신은 점점 맑아져서 잠을 자기 위한 전쟁을 밤마다 펼친다.

잠을 자려고 숫자를 세다가 오히려 잠이 더 깨기도 한다. 머리에서는 살살 열도 나는 것 같고 밤이 깊어질수록 마음은 더 조급해지기 시작한다. 아무 생각도 안 하기 위해서 머릿속을 텅 비워 버리는 방법도 시도해 보지만, 의식하고 있는 모든 것들을 비우려는 노력조차 잠을 방해한다는 생각이 든다. 그러다 눈을 감고 캄캄한 어둠에 몸을 맡기고 모든 것을 잊는 순간 살짝 잠이 오기 시작한다. 머리가 깊은 늪 속으로 빠져든다고 생각이 될 때 옆에서 "어, 어, 안 돼." 하며 큰 소리로 잠꼬대를 하게 되면 모든 것이 또 말짱 도루묵이 되어 버린다.

겨우 잠이 들기 직전에 잠이 다 깨버려서 짜증이 나는데도 옆자리 동료는 코까지 골면서 잘도 잔다. 이곳 생활에서 잠이 오지 않는다는 것은 또 다른 하나의 고통이다.

하지만 얼마 전부터 잠들지 못하는 나의 고통의 시간들이 사라졌다. 그동안은 내가 아무것도 할 수 없다는 것 때문에 많은 상념들이 떠올라 잠이 오지 않았다. 그렇다고 그 많은 질문에 대한 답을 찾아 잠이 오게 된 것은 아니다. 그 답을 찾기 위해서는 아직도 더 많은 날들을 내 자신과 대화해야 한다. 아니면 영원히 찾지 못할지도 모르겠다.

요즘 잠이 잘 오는 이유는 내가 일부러 잠을 자려고 하지 않기 때문이다. 잠을 자야 한다는 생각을 안 하기 시작하면서부터는 잠이 저절로 잘 왔다. '굳이 잠을 안 자도 되는데.'라고 생각을 하는 순간, 하품이 나기 시작하면서 눈꺼풀이 점점 무거워지고 슬슬 피곤해지기 시작했다.

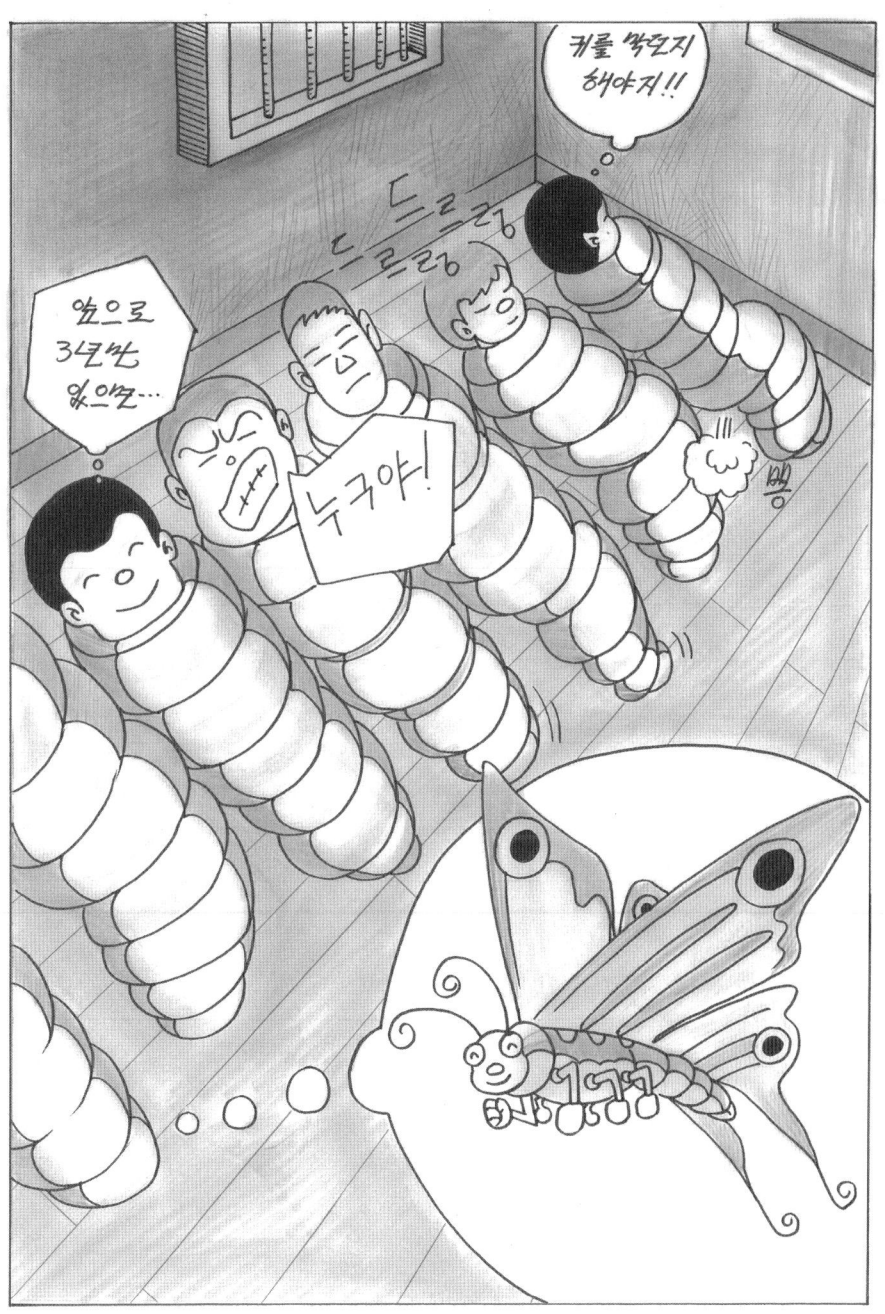

'잠을 자지 말자. 잠들면 안 된다. 책도 읽고 가족들한테 편지도 한 통 쓴 후에 잠을 자자.'라고 생각하는 순간부터 잠이 오기 시작한다. 그럼 어쩔 수 없이 자리에 눕게 되고 누우면 바로 잠이 들어 버린다. 그동안 잠을 자야 한다는 강박관념이 오히려 나를 잠들지 못하게 하였고, 교도소라는 공간에 나를 점점 더 가둬버렸다. 깊은 잠이 들기 시작하면서 나는 강박관념에 갇혀 있던 내 영혼에게 휴식과 자유를 안겨 주었다.

비록 내 몸은 이곳에 갇혀 있을지라도 내 영혼만큼은 나비처럼 가볍게 자유로운 춤을 추면서, 항상 아름다운 대자연을 넘나들며 진정한 자유를 만끽하며 살아갈 것이다. 나는 지금 한 마리의 나비가 되기 위한 번데기일 뿐이다. 번데기가 되지 못하면 나비도 되지 못한다.
번데기일 때 번데기로서의 최선을 다하고 싶다. 지금 나는 행복한 번데기이다.

13
식탐

    이곳에서 내가 겪거나 느끼는 일들 때문에 나 자신도 가끔 놀랄 때가 있다. 최근에는 이상하게 먹고 싶은 것들이 많아지면서, 음식만 보면 입맛이 당기는 내 자신을 볼 때 약간 당황스럽다. 사회에 있을 때는 있어도 입에도 안 대던 음식들이 생각나고, TV를 보다가 음식 먹는 장면이 나오면 나도 먹고 싶다는 생각에서 한동안 벗어나지 못한다.

    특히나 자장면이나 짬뽕, 치킨, 피자, 족발, 생선구이, 영덕대게, 갈비찜 등등 하루 종일 노트에 먹고 싶은 음식을 모두 적어 보아도 먹고 싶은 음식은 셀 수 없을 정도로 많다.

    그렇게 먹고 싶은 음식이 많이 생각나는 이유는 오직 하나, 여기서는 절대로 맛볼 수 없다는 것 때문이다. 항상 먹을 수 있는 환경에 있을 때는 입에 대지도 않던 음식들이, 어느 날 구매품목이 변경이 되면서 그동안 먹지도 않던, 단종된 과자가 먹고 싶다.

안 된다고 하면 더 하고 싶어지는 것이 인간의 마음이라고 하더니, 본능에 가까운 삶을 사는 이곳에서는 식탐의 욕구가 무척 많아진다.

항상 먹을 것에 목말라하지만 그렇다고 적게 먹는 것도 아니고 못 먹는 것도 아니다. 오히려 너무 많이 먹어서 꽤 많은 사람들이 비만이고 똥배만 나와 있어서 관리가 필요하다.

이곳 생활의 특성상 항상 불안정한 생활 속에서 살고자 하는 본능적인 욕구가 강한 사람들 때문에, 음식에 대해 늘 허덕임을 느끼는 것 같다. 모두들 배 속에 거지가 한 명씩은 살고 있다는 생각이 들 정도로, 먹는 것으로 스트레스를 해소하는 이들도 상당히 많다. 하지만 포만감은 느낄 수 없고 돌아서면 또다시 배가 허전해져서 맛있는 것들이 먹고 싶어진다.

그런데 정말로 이상한 것은 배는 볼록 튀어나와도 저마다 얼굴에 살은 안 찐다. 그러다 보니 가족들이 면회 오면 몸무게가 더 늘었는데도 불구하고, 살이 많이 빠졌다고 많이 먹으라고 한다. 아무리 살이 많이 쪄도 면회 온 가족들의 눈에는 살이 빠진 것처럼 보일 수밖에 없는가 보다.

이곳에서는 잠을 많이 자도 피로가 풀리지 않을 때가 많다. 농담 삼아 매일 잠자리 밑으로 수맥이 흐른다고 하면서 웃곤 하지만, 한편으로는 그 말이 사실이 아닐까 하는 생각이 들 정도로 자고 일어나면 온몸이 쑤시고 몸이 너무 뻐근하다. 이런 증상의 원인은 갈증이라고 생각한다. 새장 속에 갇혀 있다는 답답함 때문에 자기도 모르게 음식

에 대한 갈증이 생긴다. 먹어도 만족하지 못하는 의식은 배가 고픈 것으로 인식이 되면서 자꾸 몸만 비대해져 간다.

미결수로 생활을 할 때는 가끔씩 사육당하고 있다는 생각도 들었다. 그래서 이곳의 질서를 따르지 않고, 자신만의 삶의 방식을 찾아 만족을 얻고자 애쓰는 사람도 있다. 하지만 다른 사람들은 같이 행동하고 있는데, 나 혼자서만 튀는 행동을 하면 이내 소외감을 느낄 수밖에 없게 된다.

결국은 단체 생활에서 뒤처진다는 생각이 들어 스스로 그 질서 안에 다시 들어가게 된다. 기결수 생활을 하게 되면 음식에 대한 갈증은 어느 정도 해소가 된다. 넓은 곳에서 일을 하고 운동을 하다 보면 스트레스가 많이 해소되고, 건강한 체질로 변하여 먹고 싶은 욕구도 어느 정도 사그라지게 된다.

먹고 싶은 음식이 우리 곁에 풍부할 때는 먹고 싶은 욕구조차 없다가 먹을 것이 없으면 갑자기 더 먹고 싶어지는 것처럼, 함께 살던 가족들과 떨어져서 이곳에서 혼자 생활을 하다 보면 가족이 많이 보고 싶다. 자꾸만 같이 있을 때 잘못한 것들만 생각나고 미안해지면서, 밤이 되면 이불 속에서 훌쩍훌쩍 대면서 울기까지 한다.

우리가 먹고 싶은 것과 보고 싶은 것들이 모두 풍부하게 내 곁에 가까이에 있을 때는, 누구도 그 소중함을 전혀 알거나 느낄 수가 없다. 하지만 눈에 보이지 않는 그 순간부터는 진실로 먹고 싶고 보고 싶어지는 것이 너무나 간절하다. 그러므로 무엇이든지 있을 때 잘하라는 말을 평소에 가슴깊이 새기며 살아가야 한다.

14
죄송합니다

　레몬을 먹어본 사람은 레몬을 입에 물고 있다는 상상만으로도, 혀가 시큼한 맛을 기억해내서 금세 입안에 침이 고이는 현상이 생긴다. 마찬가지로 어떤 고통스러운 경험을 겪고 그와 비슷한 환경에 처하게 되면, 예전과 같은 두려움이 생기면서 현실을 올바르게 인식하지 못하는 경우가 생기기도 한다. 전과자들의 자살률이 높은 이유도 이와 무관치 않다.

　교도소에서 지낸 기억들은 평생 그 사람의 잠재의식 속에 남아있다. 그 기억들을 아무리 지우려 해도 지워지지 않고 기억 속에 잠재되어 있다가, 어느 날 불현듯 자신이 또다시 교도소에 갈 수도 있다는 두려운 생각이 들게 된다. 그러면 몸에서 안 좋았던 기억들이 되살아나서 정상인보다 두세 배 심장이 빨리 뛰고 긴장되면서, 정상적인 사고방식과 행동에서 벗어나게 된다. 그래서 작은 잘못이 큰 사고로 발전하는 경우도 생기게 된다. 교통사고가 났는데 다시 교도소에 가게 될 것이라는 두려움 때문에, 환자를 병원으로 이송하지 않고 현장에서 도망가는 경우를 그 예로 들 수 있다. 교도소에 다시 가면 '이번에는 정말 못 나온다'는 생각을 몸이 먼저 하게 되는 것이다. 그래서 환자를 병원으로 데리고 가지 않고 다른 곳에 유기하는 경우도 발생한다.

얼마 전 실제로 뉴스에 보도된 내용이다. 새벽에 집으로 가는 길에 행인을 차로 치었다. 아직 숨이 붙어있는데도 불구하고 한적한 곳으로 행인을 옮긴 후, 그대로 도망을 가버리는 바람에 살 수 있었던 사람이 죽어 버렸다. 경찰에 신고를 해서 도움을 요청했다면 좋았을 것을, 순간의 잘못된 판단으로 돌이킬 수 없는 범죄를 저질러버린 것이다.

뉴스를 보면서 나는 그 사람이 교도소에 수감된 경험이 있는 사람일 것이라는 짐작을 했다. 그 사람이 바로 이곳으로 들어왔는데 역시나 그는 전과가 있는 사람이었다. 범행을 또다시 저지른 것도 문제였지만 그 이면을 깊숙이 들여다 보면 이곳에 살았던 사람들은, 보통사람들보다 일반적인 생각을 하지 못하는 경우가 있는 것 같다. 그런 부분을 치료할 수 있는 정신적인 치료 시스템이 만들어진다면, 장기적으로 사회에 큰 도움이 될 수 있을 거라 생각한다.

나도 몇 번이나 실형을 선고받아 이곳에 있으면서, 어느 누구에게도 정신적인 위로와 조언을 들어보지 못했다. 나 역시 어느 곳에도 도움을 청할 생각도 하지 못했다. 특히나 나는 혼자 있을 때 아무런 이유도 없이 우울해지는 것이 가장 힘들었다. 그러면 또다시 교도소 가는 일이 생길지도 모른다는 불안한 생각이 엄습해오고, 생기지도 않은 일들을 걱정하면서 머리를 감싸 쥘 때도 있었다. 하지만 이런 생각들은 누구에게도 말할 수가 없다. 그저 혼자서 시간이 약이란 말로 스스로를 위로할 수밖에 다른 방법이 없다. 그런데 정신이 온전해지기 전에 어떤 사고가 발생되면, 최악의 판단으로 이어질 확률이 클 수밖에 없다. 아마도 교도소 생활을 경험해보지 않은 사람은 이런 상황을 이해할 수 없을 것이다.

또다시 교도소에 들어갈지 모른다는 두려움으로, 작은 일이 발단이 되어 재범으로 들어온 사람이 많다. 그리고 범죄자라고 해서 모두 TV나 영화 속의 악인같이 생기지는 않았다. 배우를 뽑을 때부터 주인공은 정의롭고 잘생긴 사람을 선택하고, 좋지 않은 인상을 보일 수 있는 사람은 흉악범으로 뽑게 된다. 그런데 현실에서는 주위에 착하게 생긴 사람도 흉악한 범죄자가 될 수 있다. 멀쩡한 사람이 흉악한 범죄를 저지른 후 검거되면 TV뉴스에 나올 때는 흉악하게 보인다. 어느 순간 경찰들과 기자들이 떼거지로 몰려와서 옆집 남자에 대해서 묻는 말에 "그냥 착하고 인사도 잘하던 사람인데."라고 인터뷰를 하게 될지도 모른다. 갈수록 심각해지고 있는 흉악범죄를 '나만 피하면 다행'이라는 생각에 그치지 말고, 미리 예방할 수 있도록 사회적으로 돕는 시스템 도입이 시급하다.

요즘 서민들의 경제활동이 나날이 어려워지고 있어서 그런지 많은 사람들이 이곳으로 들어오고 있다. 열 명도 비좁은 방에 어제 신입

한 명이 더 들어와서 방에 열한 명이 지내게 되었다. 안 그래도 비좁은데 신입이 들어왔다고 투덜대니 신입이 미안한지 "죄송합니다."라고 했다.

생김새가 유순해서 정말 착한 사람처럼 보이는데, 엊그제 뉴스 시간을 도배한 토막살인 사건의 주인공이다. 겉은 멀쩡해 보이는데 정말로 "죄송합니다."라는 말의 뜻을 알고나 하는지 모르겠다.

15
특수한 직업

건달이라는 특수한 직업을 가진 사람은 언제라도 교도소에 갈 수 있는 최적의 환경 속에 살고 있다. 손대면 톡하고 터질 것만 같은 봉선화의 성질을 가졌고 무쇠팔 무쇠다리의 튼튼한 육체까지 겸비하고 있어서, 이곳에 오기 유리한 조건을 가지고 있다. 그리고 건달에게 폭력사건은 업무상 과실 사건과 비슷하다. 직업이 건달이라면 교도소에 갈 수도 있다는 것을 항상 염두에 두고 있어야 한다.

건달 흉내를 내다 어떤 상황에서만 비굴하게 발을 뺀다면, 결국은 자기 자신만 비참하게 하는 모양새가 되어 버린다. 그리고 잠시 건달 세계에 입문했다는 것이 무슨 벼슬인 양 힘없는 사람들 앞에서 몇 대 몇 싸움을 운운하며, 평생 자기자랑 속에 사는 건달 아닌 건달도 있다. 하지만 그런 사람들 말은 주위에서 믿지도 않고 무서워하지도 않는다.

그런 사람은 이것도 저것도 아닌 반 푼이라는 말이 제격에 꼭 맞는다. 그런 반 푼이 되기 싫다면 치기 어린 마음에 젊은 청춘을 낭비하지 말아야 한다. 허울뿐인 멋으로 인생을 망치는 바보 같은 짓은 하지 말아야 한다. 하지만 건달로서 일차 관문을 통과하여 이곳에 들어왔다면, 이왕지사 들어온 거 후회하지 말고 씩씩하게 살아야 한다. 남자로 한번 멋있게 살자고 마음먹었으니 삼수갑산도 웃으면서 갈 수 있는 배짱이 필요하다.

지난날을 울면서 후회를 해도 이미 버스는 지나가 버렸다. 이곳에 들어와서 정신을 차렸다 해도 막상 출소할 때는 처음의 마음가짐을 다 잃어버리곤 한다. 그 즈음의 정신은 예전의 순박한 것이 아닌 강하고 악랄한 정신이 되어 출소를 하게 되는 경우가 보통이다.

모두 다 그렇지는 않지만 그동안 많은 사람들을 쭉 지켜본 결과, 거의 안 좋은 쪽으로 변하여 출소를 하고는 얼마 지나지 않아 다시 이곳으로 들어오게 된다. 나는 언제부터인가 이곳에 들어오는 사람을 보면 그 사람이 또 들어올 사람인지 아니면, 이제 두 번 다시 안 들어올 사람인지 내 나름대로 관찰하고 판단을 하는 습관이 생겼다.

그런데 신기하게 순금도 아닌데 99.9% 확률로 적중을 한다. 교도소에 들어와서 건달로 사는 인생은 피곤하다. 일반수들은 이곳에 들어오면 기술도 배우고 성실하게 살면 가석방의 기회도 얻는다. 반면 건달들은 가석방도 없고 기술 배우기도 무척이나 까다롭다. 나이 어린 건달들을 보면 선배들 수발 드느라 하루가 어떻게 가는지도 모르게 산다. 무엇 때문에 그렇게 바쁘게 사는지 이해가 안 갈 정도이다.

바둑은 내가 둘 때보다 남이 두는 것을 구경할 때 수가 더 잘 보인다. 그래서 옆에서 훈수를 두게 되는데 바둑을 직접 두고 있는 사람은 훈수 두는 사람 말이 제일 귀에 거슬린다. 옆에서 훈수를 도와주면 고마운 마음은 들지 않고 짜증만 난다. 그런 마음을 가진 사람은 평생 바둑이 잘 늘지 않는다.

교도소 생활도 이와 같다. 이미 그 나이를 겪어봤기 때문에 안타까운 마음에, 그 사람을 위해서 하는 말인데 한쪽 귀로 듣고 한쪽 귀로 흘려버린다. 내가 '그때 그 말을 들을걸' 하고 후회하며 정신을 차렸을 때는 이미 너무 멀리 와 있는 경우가 있다. 하지만 끝내 그걸 깨닫지 못하는 사람에 비하면 그래도 그 사람은 희망이 보인다. 불행히도 너무 늦게 깨닫게 된다면 스스로 변화하기 위해 준비해야 할 시간이 턱없이 부족하다. 설령 변했다 하더라도 주변의 사랑하는 사람들이, 이미 모두 내 곁을 떠난 후라서 슬픈 마음이 스스로를 짓누른다.

만약에 당신이 건달이라는 특수한 직업을 가진다면, 성공을 하든지 실패를 하든지 결국 마지막 종착역은 이곳이 될 것이다. 그러면 자신이 사랑하는 가까운 사람들이 상처를 받게 되는 것은 물론이고, 당신 자신도 이곳에서 고독과 함께 한평생 외로움과 살아야 할 확률이 높아진다. 그러니 사랑하는 가족을 위해서 건달이라는 직업보다는, 평범한 직업을 선택해서 오순도순 평범하게 사는 것이 가장 큰 행복이 될 것이다.

16
최신형 인공지능 세탁기

요즘 TV에서 건달들을 재미있게 흉내 낸 프로그램을 보고 있다. 두목이 바로 밑에 동생에게 "만두야."라고 하면 동생이 "네, 형님." 하면서 굽실거리고 "짜장면 하나 시켜라." 하면 "네, 형님." 하고 대답을 한다.

그리고 만두는 또 자기 밑에 동생한테 시킨다. "연탄아.", "네, 형님." 또 연탄은 거들먹거리면서 "멸치야, 짜장면 하나 시켜라." 그렇게 되면 마지막으로 막내인 멸치가 중국집에 전화를 걸어 짜장면을 시킨다.

사람들이 웃자고 건달 세계의 막내가 겪는 고충을 흉내 내는데 가끔씩은 우리가 봐도 재미있어서, 월요일만 되면 장난삼아 후배에게 "만두야."라고 하면서 웃기도 한다. 그런데 실제로 기결확정이 되어서 공장에 나가서 생활하다 보면, 막내들의 생활은 하루 온종일 정신이 없다.

내가 어렸을 때 나 역시도 아침에 출역해서 선배들 빨래하다 보면, 오전 시간이 다 지나가고 금방 점심시간이 되었다. 반찬하고 밥을 퍼서 점심상을 차리고 나이 순서대로 제일 먼저 큰형님께 "큰형님 식사 많이 하십시오."라고 인사하고, 그다음 선배한테 가서 "형님 식사 많이 하십시오." 한다.

줄줄이 인사를 하다 보면 벌써 큰형님은 밥을 다 먹고 숟가락을 놓고 있다. 그럼 또 뛰어가서 "큰형님 식사 많이 하셨습니까."라고 인사하고 또다시 줄줄이 찾아가서 "형님 식사 많이 하셨습니까." 하다 보면 점심시간이 다 가버렸다.

대충 빵하고 우유를 먹은 후 설거지를 한 시간 동안 신나게 한다. 그 설거지가 끝나면 본격적으로 빨래에 돌입한다. 정신없이 빨래를 하다 보면 오후 시간도 눈 깜짝할 사이에 다 지나가고 폐방시간이 된다. 선배들 뒤치다꺼리의 최고 힘든 부분은 바로 빨래이다.

어느 공장을 가든지 여름에도 내복까지 껴입고 운동하는 선배들이 있다. 짧은 운동 시간 동안 최대의 효과를 얻기 위해서 내복 위에 땀복까지 껴입고 땀을 흘린다. 특히 비라도 내리는 날이면, 빨래가 장난이 아니다. 선배가 한두 명이면 혼자서 빨래를 해도 무리가 없는데, 나이가 많은 열 명이 넘는 선배들이 있으니 빨래가 아니라 거의 막노동 수준이다.

요즘은 밑에 동생들이 출소를 해서 빨래 때문에 여간 골치가 아픈 것이 아니다. 할 수 없이 공장에서 작업을 하고 있는 일반수들 중에,

빨래만 전문적으로 할 수 있는 나이 어린 애들 두 명을 뽑았다. 건달 생활을 하는 막내들이 있으면 같이 빨래도 하고 궂은일은 내가 다 도맡아 하는데, 일손이 없다 보니 할 수 없이 나이 어린 일반수들을 뽑았다.

막상 일을 시켜보니 빨래, 청소, 밥상 차리는 허드렛일까지 생각외로 척척 잘도 해낸다. 그런데 힘들게 교육시켜 놓은 애들이 직업 훈련생, 구매소지, 보안청소 등의 일명 '관용부'라는 요직으로 빠져나가게 되면, 그럴 때마다 나는 허탈한 적이 한두 번이 아니었다.

직원들이 보조가 많이 필요하기 때문에 무조건 나이가 어리고 착한 애들을, 우선적으로 선발해서 직원들의 업무보조를 시킨다. 일단 관용부로 선발이 되면 꽉 막힌 공장에서의 생활과는 달리 직원 휴게실 청소를 하거나, 교도소 내의 청소와 직원들의 업무를 보조하며 가석방 혜택도 받을 수 있다.

내가 애써서 훈련시켜놓은 막내들은 선발이 되는 순간 공장을 위해서 목숨을 바칠 정도로 세뇌를 시킨 것이 허탈해지기 때문에, 될 수 있으면 나는 은근히 '건달 생활을 하는 후배가 들어왔으면.' 하고 기다리게 된다. 나이가 어려도 건달 생활을 했다고 하면 직원들도 일 시키기를 거북스러워하며 관용부로 잘 안 뽑아 간다.

이가 없으면 잇몸으로 산다고 한동안 막내가 없으면 없는 대로 잘 대처해가며 살고 있는데, 드디어 기다리던 신입이 그것도 군산에서 생활하던 막둥이가 들어왔다. 덩치도 좋고 운동을 많이 해서 그런지 팔뚝도 굵고 튼튼하게 생겼다. 들어 온 지 며칠이 지난 후에 밥 차리고 빨래하는 일까지 교육을 시켰는데 오랜만에 비가 내리기 시작한

다. 운동이 막 끝난 시간이라서 빨래들이 산더미처럼 쌓여 있다. 며칠 전만 해도 빨래 걱정이 태산이었을 상황이지만, 이제는 팔을 걷어붙이고 씩씩하게 빨래를 하고 있는 후배를 보니 한결 듬직한 마음이다.

때마침 공장의 큰형님이 화장실을 가려고 지나 가다가 웃으면서 한마디 한다.
"어이구, 덕아 고생이 많구나! 세탁기가 안 좋아서 신경 쓰이더니 성능은 좋나." 그 말이 미처 끝나기도 전에 빨래를 하고 있는 동생을 쳐다보면서 큰소리로 대답을 했다.
"네 형님, 최신형 인공지능이라 성능이 아주 좋습니다."
빨래를 씩씩하게 하고 있는 동생을 흐뭇한 미소로 보고 있자니, 주부들이 왜 그렇게 최신형 인공지능 세탁기에 열광하는지 그 마음이 헤아려진다.

17
열지 못하는 문

독방에 혼자 있다 보면 사람 소리만 들려도 반갑다. 교도소에서는 관 규율을 위반하거나 여러 사람들과 함께 공동생활을 할 수 없다는 판단이 들면 독방에 수감시킨다.

여러 명을 죽인 살인수라든가 정신이 오락가락하는 사람, 그리고 예를 들어 코를 아주 심하게 골아서 도저히 함께 생활을 할 수 없다고 판단이 되는 경우도 독방생활을 하게 된다.

잘못을 해서 들어가는 독방에는 TV도 없고 일상생활에도 많은 제약이 따른다. 하지만 징벌방이 아닌 독방생활은 방에 TV도 있고, 오히려 조용하게 혼자 잘 지낼 수 있다. 오랫동안 독방에서 생활하던 사람이 최근에 내가 있는 방으로 들어왔다. 여럿이 있는 방으로 옮겨와서 한마디씩 내뱉는 말이 참으로 가슴이 아프다. 혼자 생활 하는 것이 아무리 편해도 너무 오랫동안 독방에서 생활을 하다 보면, 사람이 그리워서 사람소리만 들려도 그쪽으로 머리가 돌아가고 반갑다고 한다.

아직도 형이 삼 년 정도는 남았는데 마음은 당장 내일 모레 나갈 사람처럼 항상 들떠 있다. 사람들하고 밥도 같이 먹고 TV도 보고 대화도 하는 사소한 일상생활을 정말로 즐거워한다. 독방에 있을 때는 밥이 나오면 받아 놓았다가, TV 드라마 볼 때 식사 장면이 나오면 그 장면에서 같이 찬밥을 먹었다고 한다.

그 말을 자기한테 독백하듯이 흘리면서 말을 하는데 그 역시 혼자 생활하면서 하던 말들이 버릇이 되었다며, 여러 사람들과 함께 사는 지금이 사람 사는 맛이 제대로 난다고 말을 한다. 인간은 혼자라는 생각이 들면 불안해지고 예민해지기 쉽다. 특히나 말할 상대가 없다는 것은 지독한 고통이 될 수도 있다. 그런데 군중 속의 고독이라는 말도 있듯이 여럿이 있어도 외로움은 사라지는 것이 아니다. 나는 언제부터인가 혼자라는 생각이 들기 시작했다. 옆에 항상 사람들이 많았기 때문에 예전에는 몰랐다.

주위에 많은 사람들이 자신의 이해관계 때문에, 내 옆에 있다는 것을 느꼈을 때부터 나는 스스로를 내 마음의 독방에 가두었다. 말을 할 상대가 있어도 '굳이 무슨 말이 필요할까.' 싶은 생각이 들었다. 아마도 그건 내가 그 상대방에게 기대를 많이 했기 때문이 아닐까 싶다. 내 영혼의 독방에서 문을 열고 나오기가 쉽지는 않겠지만, 이제부터라도 조금씩 내 영혼의 독방에서 자유롭게 나오는 연습을 해야겠다. 그 독방의 문은 내 마음의 열쇠로만 열 수 있기 때문이다.

18
신라면

　공장에서의 생활은 매우 단조롭지만 정신없이 빠르게 지나간다. 마치 군대처럼 규율이 확실하고 군기가 꽉 잡혀있기 때문에, 작업시간에는 모두들 집중을 해서 열심히 한다. 일렬로 길게 설계된 작업대 위에 서면 사람들이 줄지어 앉아서 일명 '라인작업'으로 쇼핑백을 만든다.

　한 사람이 한쪽 면을 접어서 옆쪽으로 쇼핑백 재료를 이동시키면 그걸 받은 사람이 반대쪽을 접어서 또 그 옆으로 이동 시키면 양면테이프로 한쪽을 붙인다. 그리고 쇼핑백 손잡이에 프레스 기계로 구멍을 뚫고, 그 다음 사람이 줄을 끼우면 하나의 쇼핑백이 완성된다. 일정한 방법으로 라인작업을 해서 옆 사람과 서로 호흡을 잘 맞추는 것이 중요하다.

　중간에 갑자기 한 사람이 빠져서 화장실을 가거나 접견이라도 가게 되면, 그 빈자리는 다른 사람으로 채워지게 된다. 기존 사람은 이미 숙달이 되어 작업을 원활히 진행하지만, 중간에 임시로 일을 하게 된 사람은 일의 속도를 쉽게 따라가지 못한다. 그럴 때는 두 명이 한 사람이 작업하던 곳으로 가서 일의 속도를 맞추기도 한다.

오전 두 시간, 오후 세 시간 작업이 끝나면 한 시간 정도는 책 보는 사람, 장기나 바둑을 두는 사람, 아니면 조용하게 엎드려 쉬는 사람 등 각자가 휴식을 취한다.

미결수 때의 거실 생활하고 크게 다르지 않지만 일을 해서 그런지 하루가 빨리 지나간다. 작업장에는 네 개 정도의 작업대가 있고, 한 조당 열 명 정도로 구성되어 있고, 작업량도 비슷하게 배정이 된다.

월말에는 가장 불량이 적고 작업을 많이 한 조를 선정해서 상품으로 신라면 한 박스를 준다. 신라면 한 박스가 별것 아닌 것 같지만 막상 마지막 주에 보면, 눈치 전쟁이 시작되어 손발이 굉장히 빨라지면서 일의 속도도 거의 두 배로 빨라진다.

별것 아니지만 은근 욕심이 생겨서 바쁜 상황에서 종교 집회에 간다거나, 일할 때 쓸데없이 잡담을 많이 하는 사람에게는 일의 속도를 따라가지 못한다고 눈치를 준다. 마지막 주에는 거의 눈에 불을 켜고 일한다. 공장에서 신라면 한 박스의 힘은 백 마디의 잔소리보다 효과가 좋다.

최선을 다한 조가 우승해서 라면 한 박스를 상품으로 받을 때는 공장의 반장이 직접 상품을 웃으며 건네주고, 우승한 조의 조장은 신라면 한 박스를 받아들고 공장 전체를 돌며 답례한다. 올림픽에서 우승한 선수가 금메달을 목에 걸고, 국민들에게 손을 흔들어 보답하는 모

습 저리 가라다.

매월 말일마다 치열하게 도전하는 조와 상위 랭킹을 지키려는 조 사이에 긴장감이 흐른다. 돌아보면 참으로 우스운 일이지만 막상 공장에서 작업을 할 때는, 그 분위기 속에 휩쓸려서 정신없이 일을 한다.

공장에 출역해서 작업을 하게 되면 월급을 받게 되는데, 그 당시 월급이 만 원 정도였다. 요즘은 이만 오천 원 정도를 받는다. 일반 공장 작업의 월급이 제일 적고, 사동소지로 일을 하게 되면 한 달에 사만 원 정도를 받는다.

취사장에 출역을 하게 되면 일이 힘들기 때문에 한 달에 십만 원 정도를 월급으로 받는다. 최근에는 출소를 해서 사용하거나 수형자 생활에 도움이 될 수 있도록 쇼핑백처럼 단순 작업이 아닌, 외부 사업자와 계약하여 좀 더 난이도 높은 일을 하는 '전일근로' 공장이 생겼다. 일은 조금 힘들고 어려운 대신 한 달에 이십오만 원 이상의 월급을 받게 되는데, 장기수들이나 형편이 어려운 수형자들에게 인기가 많은 편이다. 어디서든지 열심히 땀을 흘린 대가는 반드시 있으니 스스로를 실망시키지 않는 것 같다.

나는 아직 공장에 출역을 안 하고 대기 중이라서 요즘은 잘 모르지만, 분명히 새로운 맛있는 당근이 많은 공장에서 일하는 사람들을 유혹하고 있을 것이다. 이처럼 일을 할 때 적절한 당근과 채찍을 주면, 작업을 하는 사람들에게 큰 동기부여도 되고 일의 능률도 올라서 좋은 것 같다.

19 안전 불감증

    도망자 신세가 된 후 경찰을 피해 다니면서 매일 괴로운 마음을 술로 달래는 날이 허다했다. 불안한 마음 때문에 오지 않는 잠을 청하기 위해서, 매일 밤마다 술에 의지하면서 심신도 점점 허약해졌다. 그러다 보니 괴로운 몸과 마음을 술로 위로하는 것이 나의 일상이 되었다.
    새벽녘에 술을 마셔 지친 몸을 이끌고 편의점에 들러 담배, 소주, 라면, 생수 등을 사들고 터벅터벅 내 오피스텔로 걸어가다 보면, 골목길을 꽉 메우는 큰 쓰레기차와 마주칠 때가 있다.

    서울은 어디를 가도 밤이 되면 골목마다 쓰레기 천지로 변한다. 하루라도 쓰레기차가 수거를 안 해 가면 아마도 온 천지가 어마어마한 쓰레기장으로 변할 것이다. 골목길에서 쓰레기차와 마주치게 되면 옆으로 잠깐 비켜서서 코만 막으면 금방 지나간다. 그런데 정면이 아니라 뒤를 따라가면 악취가 계속 나기 때문에 그 자리에서 한참 멈추어서 기다리든지, 아니면 담배라도 한 대 입에 물고 멀리 떨어져서 따라가야 된다.

어느 날은 오피스텔에 거의 다와 가던 참이라, 담배를 한 대 입에 물고 따라가다가 나는 그만 소스라치게 놀랐다. 쓰레기차 뒤에 환경미화원 아저씨가 매달려 있었다. 쓰레기차 뒤쪽 발판에 위태롭게 발을 걸치고 올라서서 가다가 차가 덜컹 하면서 흔들렸다.
장화를 신은 아저씨의 발이 순식간에 미끄러지면서 공중에서 허둥지둥 헛발을 차고 있었다. 다행히 손으로 차 뒤쪽 적재함의 고리를 잡았기 때문에, 차에서 떨어지진 않았지만 정말로 아찔한 순간이었다. '이렇게 힘든 일을 하시는 분들은 절대 다치면 안 되는데.' 하는 생각이 들었다. 새벽 늦게까지 냄새나는 쓰레기차에 매달려서 고생하시는 아저씨들 참으로 대단하다는 생각이 들었고 존경스러운 마음에 고개가 절로 숙여졌다.
법망을 피해 다니면서 도망자의 신세로 사는 나와는 너무나 비교가 되었다. 옷은 항상 세탁소에서 드라이를 해서 입고 다니면서 허울만 좋을 뿐이지, 냄새 난다고 담배를 입에 물고 인상을 쓰던 내 자신이 굉장히 부끄러웠다. 그동안 혼자 경찰들의 눈을 피해 다니면서 괴로운 마음에 술을 아무리 마셔도, 마음까지 취하지는 못했었는데 그 날 나는 마음까지 흠뻑 취해버렸다. 그리곤 곧바로 술을 끊어 버렸다.
잠을 이룰 수 없어서 불면증을 이겨 내고자 술의 힘을 빌렸으나, 이제는 술이 없어도 잠이 올 것 같다는 생각이 들기 시작했다.

그날 이후로 외출하면 항상 일찍 들어왔기 때문에 쓰레기차를 골목에서 다시 만난 적은 없었지만, 가끔 그때 쓰레기차에 매달려 발버둥 치던 아저씨의 검은 얼굴 속에 놀란 눈빛이 떠오른다.

안전벨트 형식으로 상체에 벨트를 달아 차에서 내릴 때는 눌러서 풀고, 차에 올랐을 때는 걸 수 있는, 간단한 장비만 만들어도 그런 분들이 다치는 일은 없을 것 같다.

죄 짓고 교도소에 들어와 있는 수형자들도 본인의 권리를 찾고자 인권을 외치는 세상인데, 보이지 않는 곳에서 정말 힘들게 일하시는 분들의 인권과 안전만큼은 사회적으로 확실하게 보장되었으면 좋겠다. 그런 분들은 절대 다치면 안 된다. 안전 불감증이라는 말은 이런 상황에서 쓰이는 말이 아닐까 싶다.

열악한 환경에서 힘들게 일하는 분들이 심적으로 겪는 어려운 일들이 없었으면 좋겠다.

오피스텔

어둑어둑한 길에서
어둑어둑한 마음으로
어두운 방에 들어왔다

캄캄한 절망뿐이다

들고 온 봉다리를 놓쳤다

뒹구는 소주병이 처량하고
살겠다고 일용할
라면도 서글프다

아무것도 보이지 않는
어둠속에 나는 서있다

20 이무기

　다른 교도소와는 다르게 공주교도소 대운동장에는 큰 조류 사육장이 설치되어 있다. 운동장 끝 쪽에 위치한 사육장에는 잉어와 조류들이 산다. 이곳은 차갑게 식어서 굳어있는 사람들의 마음을 위로 받는 따뜻한 공간이 되기도 하고, 이것저것 볼거리도 많아 나도 자주 찾는다.
　운동을 하다가 좀 지친 날은 심신을 달래기 위해서 조류 사육장 안을 들여다보며 시간을 보낸다.
　큰 공작새, 오리, 거위, 오골계도 있어서 구경하다 보면 시간 가는 줄 모른다. 한참을 자기네들끼리 뛰어 놀다가도, 내가 토끼풀을 뜯어서 가까이 가면 서로 눈치를 보며 종종 걸음으로 뛰어온다.

　닭대가리라는 말은 멍청하다는 뜻의 속어이다. 하지만 닭들이 멍청하다고 말하는 사람들은 닭이나 조류에 대해서 정말 뭘 모르는 사람들이다.

조류들은 정말 똑똑하고 영리하다. 신기하게도 자기한테 해코지를 한 사람과 먹이를 준 사람을 정확하게 기억하고, 그 사람은 며칠이 지나도 알아본다.

나는 항상 조류 사육장에 갈 때 먹던 과자 부스러기나 건빵을 챙겨 간다. 그러다 보니 내가 가까이 가면 서로 하던 짓을 멈추고, 내가 있는 방향으로 앞다투어 뛰어온다. 나를 향해 이곳으로 먹이를 던지라고 말을 하듯 날개까지 흔들면서 꽥꽥대는 폼을 보고 있자면, 이제는 내 운동 시간까지 알고 있다는 생각까지 들게 한다.

한동안 운동 시간에 잠시 짬을 내서 계속 조류들에게 간식을 주었는데, 조류들을 관리하는 나이가 많은 일급수 한 명이 다가와서 먹이를 주지 말라고 짜증스럽게 말을 한다. 혹시나 조류들에게 안 좋은 것을 줄까 봐 염려가 되는 모양이다. 그런 일이 있었지만 나는 얼굴이 마주칠 때마다 눈인사를 했다.

내가 조류에 관심이 많다는 것을 알게 되었는지, 하루는 오리 알 세 개와 오골계 알 두 개를 준다. 귀한 선물을 받은 나는 두 손으로 알들이 깨지지 않게 잘 감싸 와서 공장 반장님께 오리 알 두 개를 주고, 거제 선배 일경 형님 한 알, 이리 동생 한 알, 그리고 나도 한 알을 먹었다. 오골계 알을 처음 먹어보았는데 크기는 일반 계란보다 약간 작고, 깨서 한입에 탁 털어 넣으니 고소한 맛이 입안에 가득 퍼진다.

만약 사회에서 이런 선물을 받았다면 보잘것없다 생각하고 날것은 안 먹었을 텐데, 이곳에서는 그야말로 최고의 영양덩어리 선물이고 구하기 힘든 아주 귀한 음식이라서 정말 맛있게 감사한 마음으로 먹었다.

다음 날 운동 시간에 조류 사육장에 달려가서 청소를 하고 있는, 일급수 아저씨한테 잘 먹었다고 인사를 했더니 나를 향해 미소를 짓는다. 그것이 인연이 되어 서로 형님 동생 하는 사이까지 발전이 되었다.

나중에 알고 보니 그 일급수는 일반무기수가 아니고 쌍무기수였다. 무기징역형을 두 개나 받고 살고 있는 수형자이다. 무기를 하나만 받아도 어떻게 살아야 할지 모를 일인데, 무기징역의 실형을 두 개나 받고서 살고 있으니 그가 웃고 있는 게 신기하기만 했다.

그 무기수를 다른 동료들은 '이무기'라고 불렀다. 용이 되어서 하늘로 승천하지 못하면 이무기가 되지만, 교도소 안에서는 무기징역을 살고 있다가 지난날의 범죄가 발각되어서 또다시 무기징역형을 받은 사람을 '이무기'라고 부른다. 무기수에게 출소란 용이 되어 하늘로 승천하는 기쁨 그 이상일 것이지만, 쌍무기수라서 아마도 교도소에서 생을 마감하게 될 것이다. 그 '이무기'가 지금 나를 보고 웃고 있다.

초등학교 시절 소풍가는 날에 비가 오면 학교에서 일하는 소사 아저씨가 나무 속에서 잠을 자고 있는 '이무기'를 죽였기 때문에 비가 내리는 것이라는 이야기를 누구에게서나 쉽게 들을 수 있었다. 영원히 출소하지 못하는 '이무기'에게는 이곳이 바로 그의 집이다.

내가 직접 이렇게 전설 속의 '이무기'를 보고 웃고 있자니 자기 마음대로 죽지도 살지도 못하는 이무기의 서글픈 한이, 고스란히 내 마음속에도 전해져 내 가슴속에도 보이지 않는 슬픔의 비가 내린다.

제3부

터닝 포인트

21
CRPT

교도소 거실에는 낮에도 항상 형광등을 켜놓고 생활한다. 그런데 형광등이 갑자기 '깜빡 깜빡'거리면 그건 CRPT, 일명 까마귀들이 온다는 신호이다. 복도에 있는 소지들이 방에 있는 수형자들에게 빨리 옷을 입고, 행동을 조심하라고 알려주는 신호이다.

CRPT 직원으로는 교도관들 중에서 주로 젊고 힘 있는 사람들이 뽑힌다. 이들은 교도소의 사고나 화재 등의 비상사태에 대비하기 위해 긴급구조요원 역할을 하게 된다.

TV 시청 전에는 항상 CRPT 직원들이 자체 제작한 영상물을 보여준다. 그 속에서는 화재나 실제 응급상황에서 안전요원의 역할을 그대로 보여주고 있지만 현실은 조금 다른 것 같다. 아직 교도소에서 큰불이 난 적이 없어서 CRPT들이 수형자들을 대피시키는 일은 한 번도 본 적이 없다.

내가 본 CRPT는 원래 목적과는 다르게 오로지 힘없는 수형자들 앞에서 위화감을 조성하기도 하고, 말을 함부로 하는 것도 모자라서 수형자에게 시비를 걸어서 말대꾸라도 하면 바로 끌고 가버린다. 끌려가면 나이도 한참 어린 직원들한테 육체적 정신적 교육을 받고 돌아오게 되는데, 그 내용은 상상 이상이며 간담이 서늘한 경우도 많다.

나도 비슷한 경험을 몇 번이나 겪었다. 노란 수번을 달고 있기 때문에, 웬만하면 직원들이 나는 잘 건드리지 않는다. 하지만 가끔 어린 신참 CRPT 직원들은 일부러 노란 수번을 달고 있는 수형자에게 반말을 하면서 시비를 걸기도 한다.

그러면 웬만하면 그냥 모르는 척하는 게 낫다. 항상 캠코더를 손에 들고 다니면서 수형자들이 하는 말과 행동들을 촬영해서 증거로 남기고, 본인들이 막말하고 쌍욕을 하는 것들은 삭제시켜 버리기 때문에 절대 불리한 싸움이라 이길 수가 없다.

과연 이래도 되는 것인지 이해할 수 없는 행동들이다. 특히나 CRPT 직원들은 수시로 사동을 왔다 갔다 하면서, 수형자들의 행동거지를 지적하고 스티커를 발부할 수 있다. 이 스티커를 세 번 받게 되면 징벌위원회에 회부되어 징벌 처리가 된다.

한 번 찍혀버린 수형자는 언제든지 다시 불리한 일을 당할 수가 있기 때문에 무조건 피하는 것이 상책이다. 그러다 보니 CRPT가 보이면 사동소지가 복도에 있는 거실 형광등 스위치를 몇 번 빠르게 껐다 켜준다.

그걸 신호로 후다닥 바른 자세로 앉아 있거나 혹시나 하는 마음에

방에 있는 동료들을 서로 챙긴다. 화장실에서 일을 보고 나오는 동료가 옷을 벗고 있는 상태라면, 차라리 다시 들어가서 앉아있으라고 할 정도이다.

평소에는 정말 인간적이었던 직원도 CRPT 직원으로 선발이 되기만 하면, 이내 태도가 180도로 변하는 것이 이해가 되질 않는다. 항상 수형자들에게 친절하게 행동하던 사람이 CRPT 직원으로 뽑히면, 검정 전투복에 선글라스를 쓰고 입에서 말이 막 나온다. 오죽하면 수형자들이 까마귀라고 부르겠는가.

CRPT 젊은 직원 중에 악명이 높아 '저팔계'라고 불리는 직원이 있는데, 한번은 저팔계 아버지의 친구가 교통사고를 내서 교도소에 수감된 적이 있었다.

아버지가 아들인 저팔계에게 "친구의 얼굴이나 한번 들여다보고, 불편한 일이 있으면 돌봐 주라."고 부탁을 했다. 그 말을 듣고 그래도 저팔계가 워낙에 효자라서, 아버지 친구가 생활하는 거실까지 찾아갔는데 하는 말이 정말 가관이었다.

"123번 자네가 우리 아버지 친구인가?" 놀란 아버지 친구가 "네."라고 대답을 하니 "그래, 생활 잘하고 어려운 일 있으면 말해." 하고 말을 한다.

그 일이 있고 나서 한동안 사람들이 삼삼오오 모였다 하면, 안하무인인 태도의 저팔계 이야기로 시간 가는 줄 몰랐다. 아버지 친구에게 하는 태도를 보면 다른 수형자들에게는 과연 어찌 대하는지, 내가 굳이 설명을 안 해도 상상이 갈 것이다.

그간 수많은 대통령, 정치인, 법조인들이 교도소 내의 인권을 강화하고 오늘만큼의 질서를 유지시켜 놓은 것을, 하루아침에 다시 옛날의 군사 정권 때보다도 더 악독하게 돌려놓은 것은 모르긴 몰라도 CRPT의 영향력도 꽤 컸다고 말할 수 있을 것이다.

22
코걸이

현재 내가 있는 창원교도소는 토요일 아침식사로 특식이 나온다. 식빵 네 조각, 딸기우유 하나, 라면 스프만 한 딸기잼 두 개, 그리고 야채샐러드와 야채스프를 준다. 일주일 중에 토요일 아침에 한 번 나오는 서양식이라서 우리에겐 나름대로 별미 중의 별미이다. 그래서 토요일 아침은 김치와 김 등의 밑반찬을 준비하지 않고, 닭 훈제를 뼈와 살을 발라서 식빵 안에 같이 넣어서 먹을 수 있도록 준비한다. 매일 먹는 밥보다는 오히려 가끔씩은 이렇게 간단하고 맛있는 서양식의 조찬도 좋은 것 같다.

사회에 있을 때는 거의 아침을 안 먹고 점심을 푸짐하게 먹었는데, 이곳 교도소에서는 규칙적인 하루 일과가 정해져 있고 하루 세 끼 식사 시간도 정확하다. 그러다 보니 한 끼의 식사라도 놓치게 되면 굉장히 배가 고프다. 그리고 이곳에서의 한 끼의 밥은 큰 행복을 느끼는 시간이기도 하기 때문에, 그걸 놓치게 되면 심한 스트레스를 받게 된다.

야생의 짐승들은 사냥에 성공하지 못하면, 몸 자체에서 긴 시간 동안 배고픔을 참을 수 있도록 스스로 열량과 에너지 관리를 한다. 반면 일정한 공간에서 사육되는 모든 짐승들은 식사 시간이 될 때까지만 에너지를 비축한다. 따라서 갑자기 변화가 생기면 적응을 하지 못하고 폐사하고 마는 것이다. 물론 사람과 짐승은 다르겠지만 규칙적인 식습관과 갇혀있다는 상황은 거의 같지 않을까 싶다.

그런데 가끔씩 교도소의 문제수들이 단식을 하는 경우가 있다. 그런 문제수들은 겉으로는 '투명하고 깨끗한 교도소를 만들기 위함'이라는 대의명분을 내세운다. 마치 민주투쟁열사처럼 행동하지만 속을 들여다 보면, 개인의 편의를 목적으로 교도관들을 괴롭히는 수준밖에는 미치질 못한다.

방법도 거의 다 비슷하고 어설프게 소장면담 등 청원이나 인권침해진정, 정보공개청구, 법률구조공단의 지원을 역이용하여 필요도 없는 정보공개를 요구하며 직원들을 정신없게 만든다. 워낙에 투명하게 운영되는 현 교정체계 속에서는 부조리가 있을 수가 없다. 하지만 그걸 뻔히 알면서도 큰 부정부패의 현장을 본 것처럼 억지를 쓰면서, 직원들 일만 많이 만들어 주는 것으로 괴롭히는 사람들이 있다.

어깨를 으쓱대는 그들은 다른 사람들은 그렇게 못해서 안 하는 줄 안다. 다만 다른 이들은 그렇게 뻔뻔스럽지 못해서 하지 않는 것뿐이다. 사람에겐 최소한의 양심이라는 것이 있는데 한 번씩 그마저도

사라져 버린 듯한 수형자를 보게 되면 정말 안타깝고 부끄러울 때가 있다.

지난날의 잘못을 반성하며 조용히 생활하는 다른 수형자들의 이미지까지 훼손하는, 문제수들을 특별대우 해주는 것은 이치에 맞지 않다. 그들의 주장에 직원들이 끌려 다니는 모습을 보고 평범한 수형자들이 오히려 보고 배워서 "조용하게 살면 바보취급 받는다."는 소리가 나오지 않았으면 좋겠다.

구금 시설이지만 옛날보다는 인권을 보호하는 곳으로 인식이 많이 변화했고, 이곳을 관리 감독하는 일은 아무나 할 수 있는 것이 아니다. 교도관들은 이곳의 부정부패를 없애고 투명한 운영을 위해 불철주야 노력하고 있다. 나랏일을 하는 공무원으로서 자부심을 가졌으면 좋겠다. 쓸데없이 교도소의 비리를 알고 있는 것처럼 행동하는, 안하무인격의 일명 '코걸이'들한테 끌려 다니는 일은 더 이상 없어야 한다.

23
고두심

　주위에는 항상 많은 동료들이 있지만 풍요 속의 빈곤이란 말처럼, 오로지 나 혼자밖에 없다는 생각이 들 정도로 외로울 때가 있다. 하지만 아무리 고독하고 외롭다고 해도 겉으로는 표시가 나지 않기 때문에 누구도 그 마음을 알 수는 없다.
　마냥 웃다가도 무심코 눈물을 흘릴 때도 있지만 동료가 그 모습을 보았다고 해도, 그 마음을 충분히 이해할 수 있기 때문에 그냥 모른 체 해준다.
　이곳도 사람 사는 세상이기에 매일 매일이 늘 다르다. 그리고 좁은 공간에서 많은 사람과 부대끼며 함께 생활하기 때문에, 사회에서보다 더 미묘한 상황이 생길 수도 있다.

　얼마 전에 '엄마'라는 드라마를 한 방 식구 모두가 둘러앉아 열심히 보았다. 엄마 역할을 하는 배우 고두심의 연기를 보며, 나는 엄마의 속을 썩였던 사소한 일들이 하나둘씩 생각이 났다. 얼마나 눈물이 나려고 하는지 억지로 참으면서 보고 있는데, 결국은 엄마가 최종 암 판정을 받게 되었다. 자식들에게 그 사실을 최대한 늦게 알리려 하다가 결국엔 다 들켜 버렸다. 자식들이 오열하는 장면에서 나도 결국은 참았던 눈물이 봇물처럼 터져 버리고 말았다.

방 사람들도 있기 때문에 애써 참으려 했지만 결정적인 장면에서 가수 태진아가 허스키한 목소리로 부르던 곡이 배경 음악으로 흘러나올 때, 그동안 간신히 참았던 나의 모든 마음들이 단번에 허물어지기 시작하면서 눈물이 줄줄 흘러내렸다.

방 사람들 보기가 너무 민망해서 고개를 돌렸는데, 나뿐이 아니고 모두들 눈물을 흘리면서 서로를 의식하느라 정신이 없었다. 아무 일 없는 것처럼 또다시 일상으로 돌아왔지만 진정 되지 않는 마음은 계속 뜨겁기만 했다.

드라마 '엄마'가 끝나고 고두심 씨가 드라마 연기대상을 받았다는 신문기사를 보았는데, 나는 그녀가 그 상을 받을 만한 충분한 자격이 있다고 생각했다.

만약에 내가 지금 사회에 있었더라면 나는 분명히 가수 태진아의 엄마 OST를 들으면서 운전을 하고 다녔을 것이다.

그 드라마는 끝이 났지만 며칠 뒤 방에서 웃지 못할 사건이 하나 일어났다.

화장실 벽 정면에는 어느 방을 막론하고 마치 도배를 한 것처럼 연예인사진들이 다닥다닥 붙어 있는 것을 볼 수 있다. 대부분이 요즘 잘

나가는 아이돌 사진이거나 외국 배우들의 선정적인 사진들이 한 자리씩을 차지하고 있는 것이 보통이다. 그런데 오늘 보니 우리 방 화장실에 고두심의 사진이 붙어 있다. 대변을 보다가 깜짝 놀라서 손톱으로 사진을 뜯어 화장실 물을 틀어서 내려 버렸다. 그리고 대변을 다 보고 나와서 웃으면서 방 사람들도 다 들으라고 한마디 했다. "누가 고두심 사진 붙였나. 이건 정말 아니다. 성격도 참 별나." 분명 사진은 붙어 있는데 사진을 그곳에 붙인 사람은 아무도 없었다.

좁은 방에 열 명의 각자 다른 개성을 가진 사람들이 함께 살다 보니 별의별 일이 다 생긴다. 하지만 이번 일은 좀 심하다는 생각이 들었다. 그 드라마를 보면서 도대체 무슨 생각을 하였기에, 화장실에 국민 엄마 배우 고두심의 사진을 오려서 붙여 놓은 것인지 알다가도 모를 일이다.

24 아버지 돌 굴러가유

　경상남도 마산 지역에 태풍 '매미'가 지나간 자리가 쑥대밭이 되었다는 뉴스 보도에 세상이 떠들썩했다. 하지만 교도소 내에서는 아무것도 모른 채 하루가 지나고 아침이 찾아왔다. 그런데 아침 일찍부터 교도관이 찾아왔고, 방문에 붙어있는 조그만 구멍의 시찰구로 교도관의 긴장된 눈빛을 느낄 수 있었다. 느닷없이 이유도 모른 채 관구실로 불려간 후에야, 마산이 연고지인 사람들이 나를 포함하여 모두 불려왔다는 것을 알 수 있었다.

　서로가 왜 불려왔는지도 모른 채 불안한 마음을 감추지 못하고 웅성웅성 거리고만 있다. 하루 전날 뉴스하고 신문을 통해서 태풍이 경남 지방을 지나간다는 것을 알고는 있었지만, 설마 그 태풍 때문에 이렇게 많은 사람들을 관구실로 불렀을 거라고는 생각도 하지 못했다. 모여 있는 많은 사람들은 혹시나 하는 마음에 불안에 떨었지만 나는 큰 걱정이 없었다. 어머니가 이미 서울로 이사를 해서 '매미'의 피해에 크게 걱정할 이유가 없었기 때문이다. 하지만 직원들은 그 사실을 모르기 때문에, 구속 당시 연고지가 경남 마산인 나까지 관구실로 불러온 것이다. 나는 이왕지사 이렇게 나온 김에 사람들과 이야기도 하면서 무슨 일인지 궁금해하며 기다리고 있었다.

관구실에 연고지가 마산인 사람들이 모두 모이자, 관구주임님이 인원을 최종적으로 확인한 후 계장님께 보고를 했다.

"태풍 매미의 피해가 크다고 해서, 소장님이 집에 안부전화 한 통씩 시켜 주라고 해서 모두 불렀으니, 질서 정연하게 따라 주십시오. 이상." "와." 계장님의 말에 모두가 기쁨의 탄성을 질렀다.

관구실 옆에 설치되어 있는 공중전화 부스 앞에, 모두들 들뜬 마음으로 줄을 서서 한 명씩 집에 전화를 했다. 설렘 끝에 드디어 내 차례가 되어서 집 전화번호를 침착하게 눌렀다.

지역번호가 02로 시작하고 있는데도 전화담당 부장님이 뭐라고 하지도 않는다. 어차피 소장님이 특별히 허가를 내린 상황이라 빨리 처리하려고 할 뿐이지 특별히 어떤 타박을 하지는 않았.

느닷없이 교도소에 살고 있는 막내아들의 목소리에 정신이 하나도 없었는지, 누나와 어머니는 갑작스런 전화에 놀라기만 할 뿐이었다.

내가 이곳에서 전화를 할 것이란 생각을 전혀 못했던 어머니와 누나에게 상황을 설명하느라 일 분 정도의 아까운 시간이 그냥 흘러가 버렸다. 하지만 나 역시도 수화기 너머로 들려오는 어머니의 목소리에, 가슴이 울컥하면서 목메어 뭐라 제대로 말도 하지 못했다.

내가 무슨 말을 어떻게 했는지도 모른 채 삼 분의 시간이 아쉽게도

흘러가 버렸다. 이곳에서는 모범수가 되기 전에는 전화통화는 생각할 수도 없는 일이다.

　모범수가 되면 S2등급부터는 월 3회, S1등급부터는 월 5회 전화통화를 시켜 주는데, 나는 아직 S2등급이 안 되었기 때문에 전화통화 자체를 전혀 생각도 하지 않고 있었다. 그런 내게 뜻밖에 태풍 매미가 가족에게 전화통화를 시켜준 셈이었다.

　삼 분간의 전화통화를 마치고 공장으로 돌아와 기분 좋게 점심을 먹고 신문을 보았다.
　사진 속에는 마치 전쟁이라도 난 것처럼 건물이 무너지고, 주차장에 물이 차서 차가 둥둥 떠다니고 있었다. 사람이 죽고 어시장에는 해일이 덮쳐서, 온통 쓰레기가 산을 이루고 있는 모습이 신문지 한 면을 가득 채우고 있었다. 오전에 전화통화를 해서 좋았던 기분이 망치로 뒤통수를 제대로 한 대 맞은 것처럼 띵, 하면서 동공이 확장되는 것을 느낄 수 있었다.
　신문 기사를 읽는 내내 '정말 큰일이 생겼구나.'라는 생각이 들기 시작했다. 잠시 전까지는 서울에 계신 어머니에게 아무 피해가 없다는 것을 확인하고 안심했었다. 그런데 신문으로 보는 마산의 상황은 생각보다 매우 심각했고, 그제야 나는 마산에 살고 있는 친구들과 지인들이 걱정되기 시작했다.
　아침부터 경상도 지역이 연고인 사람들을 불러서 전화통화를 시켜줬을 때 사태의 심각성을 알았어야 했는데, 전화하는 데 정신이 팔려 실제 피해 상황을 생각도 하지 못했던 것이 참으로 부끄러웠다.

다행히 그날 가족들과 전화연결이 된 이십 명 정도의 사람들은 모두 별다른 피해가 없었다고 한다. 두 번 다시 이런 혜택은 안 받아도 좋으니 이런 큰 사고가 없었으면 좋겠다는 생각이 들었다. 그리고 상황이 좋지 않다는 것을 미리 알고, 아침 일찍부터 가족들에게 전화를 할 수 있도록 배려해준 소장님께 고마운 마음이 들었다.

이번에 새로 부임한 소장님은 충청도 분인데, 충청도 사람들이 느리다는 말은 그저 하는 소리일 뿐이다. 소장님의 배려를 통해 충청도 사람들의 행동이 느리지 않다는 것을 다시 한 번 확인할 수 있었다. 말이 늦다고 행동까지 느리다는 편견은 버렸으면 좋겠다. 몇 년 동안 공주교도소에 살면서 지켜본 결과 충청도 사람은 말만 느리지 행동은 오히려 더 빨랐다. '아버지 돌 굴러가유.'는 그저 웃자고 하는 이야기일 뿐이다.

25
검정고시반

공주교도소 4공장에서 일을 하며 유난히 추웠던 겨울이 지나고 따뜻한 봄을 맞았다.

노란 소나무 꽃가루가 많이 날려서 비가 오고 난 후에는, 운동장에 빗물이 번졌던 자리에 노란 선이 구름모양처럼 예쁘게 수를 놓았다.

공장에서 하루 종일 일하고 방에 들어오면 창문을 닫아 두었는데도 불구하고, 걸레에 그 노란 송화 가루가 엄청 묻어 나왔다. 그래서 방마다 목이 컬컬하다고 호소를 하거나 기관지가 안 좋아 기침을 하는 사람들이 많았다.

이렇게 꽃가루가 많이 날릴 정도로 산 속에 둘러싸여 있는 공주교도소에서, 공장 생활에 적응도 잘하며 재미있게 지내고 있는데 셋째 누나가 오랜만에 면회를 왔다. 중국천진사범대학교에서 중국어로 한국어 강의를 하고 있다는 반가운 소식과 함께, 중국천진일보에 실린 누나가 나온 기사도 보여 주었다. 중국어를 아는 사람에게 기사를 보여주니 한국 유학생인 누나가 중국에 유학 간 지 4개월 만에, 중국한어수평고시 4급을 받아서 많은 중국인들을 놀라게 하였다는 내용이라고 했다.

누나는 만학도이다. 건강이 많이 좋지 않은 상태인데도 불구하고 천진에서 매일 한의학 치료를 받으면서, 공부를 열심히 하여 많은 중국인들에게 감동을 주고 있다는 내용이었다.

그간 어렵게 공부했던 내용과 간단하게 가족소개가 실려 있었다. 며칠 후 누나에게 편지를 받고 나서 나는 한동안 눈물을 멈출 수가 없었다. 누나는 그동안 나에게 무엇이든지 열심히 하면 성공을 할 수밖에 없다면서, 어렸을 때부터 솔선수범하는 모습을 몸소 보여주었다.

누나를 보면 항상 손에서 책을 내려놓질 않고 무식할 정도로 집중해서 보고 또 본다. 걱정이 될 정도로 책과 씨름하는 모습을 보았는데 당연히 성적은 언제나 일등이었다.

누나는 직장 생활하다 뒤늦게 공부를 시작했다. 몸이 아파서 타국에서 치료와 공부를 병행하는 중에, 중국신문 일면에 '한국 아가씨가 중국 통이 되다.'라는 제목으로 신문기사에 실린 것이다. 아픈 누나도 그렇게 열심히 공부를 했는데 나는 누나보다 어리고 건강한데 그만큼도 못 한다는 것이 너무 한심하게만 느껴졌다.

그동안 누나는 여러 차례 나에게 공부를 해서 검정고시를 보라고 권유를 했었다. 하지만 그런 누나의 말을 난 늘 한귀로 흘려버리곤 했다. 하지만 학창시절 고등학교를 졸업하지 못한 아쉬움과 미련은 늘 내 가슴속 한편에 남아 있었다. 그래서 나도 이제 더 이상 누나에게 부끄러운 동생이 안 되겠다는 다짐을 하면서, 마침내 대입 검정고시에 도전하기로 결심을 하였다.

이곳에 봄바람이 살랑살랑 나뭇잎을 흔들 무렵에, 때마침 검정고시 고등부 신입 훈련생을 모집한다는 방송이 나왔다. 공장 생활에 적응을 잘하고 운동도 재미있게 잘하다가 느닷없이 검정고시 훈련생으로 간다는 나의 말에, 서로 많이 의지를 했던 선후배들이 굉장히 서운하게 생각했다.

특히 거제의 선배 일경 형은 "그냥 같이 지내면 안 되겠나."라고 말하며 몹시 아쉬워했다. 하지만 난 이미 공부하기로 굳은 결심을 했기 때문에, 주위에서 만류하는 다른 말들은 더 이상 들리지 않았다.

검정고시 훈련생 신청서를 작성하고 나서 교무과에서 검정고시 담당 계장님의 호출을 받았다. 그리고 나는 조직폭력배라서 검정고시반에 선발할 수 없다는 청천벽력 같은 이야기를 듣게 되었다. 꼭 시험을 보고 싶다고 부탁하는 나에게 모의고사를 봐서 국어, 수학, 영어, 과학 네 과목 평균점수가 60점이 넘으면 선발해 주겠다는 약속을 겨우 받아내고 공장으로 들어왔다.

이십 일 후에 평가시험을 치기로 정하고 돌아오는 길에 그저 앞이 캄캄하기만 했다. 나는 꼭 검정고시를 봐야겠다고 마음을 먹었기 때문에 다른 건 아무것도 눈에 들어오는 것이 없었다. 나를 확실하게 뽑지 않으려고 시험을 제의한 계장님의 속셈은 모르고, 이십 일이라는 시간을 벌어놓고 돌아와서 누나에게 편지를 보냈다.

검정고시 훈련생에 조직폭력배라 선발이 안 될 수도 있지만, 그래도 최선을 다해서 열심히 공부를 해보겠다고 적었다. 막상 장담은 했지만 마음은 답답하기만 했다. 그런데 때마침 친구 영기가 검정고시반에서 잘 지내고 있으며 내가 오기를 무척이나 기다리고 있다고 했다.

검정고시반 반장에게 부탁했으니 걱정 말라고 하는 친구의 말에, 담당 계장님의 단호한 모습이 겹쳐지면서 마음이 많이 무거웠다. 그래도 '이십 일 동안 책을 조금 보면 60점 정도는 되겠지.'라는 생각이 들어서, 고시반에 있는 친구 영기에게 책을 보내달라는 부탁을 했다.

일을 끝내고 거실에 들어오면 책을 조금씩 보기 시작했다. 하지만 오랫동안 공부와 담을 쌓고 살아서 책이 쉽게 눈에 들어올 리가 없었다. 희한하게도 시험문제집을 펴기만 하면 잠이 솔솔 왔다. 하지만 나름대로 최선을 다해서 국어, 영어, 수학, 과학 네 가지 과목을 집중해서 공부했다. 책을 보면서 점점 자신감도 생겼고 할 수 있을 것 같았다.

시험 보기 일주일 전 기독교 집회에서 만난 친구 영기와 이런저런 이야기를 하였다. 이번 모의고사시험은 고시반 반장이 문제를 뽑기 때문에 아무 걱정을 하지 말라고 했다.

"전날 답안을 보낼 테니 그거나 보고 시험 치면 된다."라는 친구의 말을 들으니, 작년에 먹은 송편이 이제야 시원하게 내려가는 것처럼 답답했던 마음이 뻥하고 뚫렸다. 가벼운 발걸음으로 돌아오며 이곳에서도 하고자 하는 마음만 있으면, 모든 것을 이룰 수 있다는 생각에 뿌듯하기만 했다. 이제 검정고시반에 들어가서 열심히 공부만 하면 된다. 시험을 치게 해서 나를 뽑지 않으려고 하는 담당 계장님을 이길 방법을 찾았다. 이미 이긴 것이나 다름없기 때문에 잠도 잘 왔다.

사동소지를 통해서 시험 치기 전날 무사히 답안지를 전달 받았다. 당일에 교무과 3층 고시반 사무실에서 두 시간 동안 시험을 치르게 되었다. 끝나면 내려오라는 말을 남기고 담당 계장님은 내려가고 나는 조용히 시험지를 들여다보았다. 그래도 그동안 나름대로 책을 많이 봤다고 생각했던 나는 시간도 넉넉했기 때문에, 나 나름대로 최대한 문제를 풀어보고 답안지를 작성하기로 마음먹었다. 그런데 시험지를 처음부터 훑어보던 나는 굉장히 당황스러웠다.

양심적으로 말해서 내가 아는 문제는 하나도 안 보이고 너무나 어려웠다. 아니 어떻게 이렇게까지 한 문제도 모를 수가 있단 말인가! 만약에 내가 미리 답안지를 받지 않았다면 정말 큰 망신을 당할 뻔했다는 생각이 들었다.

한동안 시험지를 풀어보던 나는 답안지 베껴 쓰는 것을 나의 양심상 포기하고 말았다. 만약에 몇 문제라도 내 실력으로 답을 찾았다면, 눈감고 몰래 답안지를 베끼고 보란 듯이 고시반에 입성했을 것이다. 하지만 한 문제도 모르는 주제에 답안지를 베껴 쓴다는 것은, 양심에 부끄럽고 내 자존심이 허락하지 않았다. 그래서 그냥 답안지에 답을 하나도 적지 않고 대신 담당 계장님께 편지를 한 통 썼다.

'그동안 살아오면서 한 번도 내 스스로 공부를 해보고 싶은 적도 없었고, 공부하라는 말을 제일 듣기 싫어하던 제가 공부를 해야 된다는 생각을 하게 되었습니다. 제게 지금 가장 절실한 것이 공부입니다. 지금은 시험지의 답을 하나도 몰라서 돌아서지만 정말 열심히 공부해서,

다음번에는 꼭 합격하도록 하겠습니다. 죄송합니다.'

답안지에 정답 대신 편지를 쓰고 돌아 왔는데 오히려 마음은 편안했다.

'어차피 징역 칠 년을 살아야 하고 이제 겨우 시작일 뿐인데, 떳떳하지 못하게 시험 답안지까지 베끼면서 꼭 그렇게 해야 되나.'라는 생각을 하며 스스로를 위로했다.

그런데 일주일 있다가 생각지도 못한 뜻밖의 기쁜 소식을 받았다. 검정고시반에 선발이 되었다는 연락이었다. 짐을 싸서 고시반으로 전방하라는 공장 담당 주임님의 이야기에 너무나 좋아서 정신이 하나도 없었다. 맨발로 덩실덩실 춤이라도 추고 싶을 정도로 기뻤다. 답안지에 쓴 편지를 본 담당 계장님이 내가 정말로 공부를 하고자 하는 진정성이 보인다고 생각을 한 것이다.

공부는 누가 하라고 해서 하는 것이 아니기 때문에 스스로 하려고 하는 사람들만 선발하는데, 나의 신분만 보고 미리 편견을 가졌었다며 오히려 미안하다는 말까지 하였다. 담당 계장님은 열심히 하라고 격려까지 해주며 모의고사 빵점 맞은 사람은 내가 최초였기 때문에, 앞으로 한 번만 더 빵점 맞으면 바로 퇴출시킨다는 농담도 덧붙였다.

그렇게 검정고시반에 선발된 나에게 밝은 희망의 여명이 밝아오며, 나의 역동적인 새로운 도전이 시작되었다.

26
사소한 일상

　칠십대 노인이 한 시간가량 쉬지도 않고 땀을 흘리면서 운동장을 뛰고 있는 모습을, 실제로 보지 않았다면 쉽게 상상이 가지 않을 것이다. 그는 무슨 비장한 마음으로 저렇게 열심히 달리고 있을까! 아마도 그는 여기서 살아서 나가고자 하는 희망의 끈을 놓지 않았기 때문일 것이다. 출소하고자 하는 절실한 마음이 없다면, 종심의 노익장이 마치 밀림 속의 치타처럼 그렇게 바람을 가르듯이 달릴 수는 없다. 나도 이곳에서 그와 같이 생활하고 있는 한 사람으로서 그 노인의 끈기와 열정에 박수를 보내고 싶다.

　이곳의 장기수들에게는 공통점을 하나 찾아볼 수 있다. 여기서 말하는 장기수들은 십 년 이상의 실형을 선고받았거나 이미 십 년 이상의 형을 살고 있는 사람을 지칭한다.
　그 장기수들은 사소한 일상에도 의미를 부여하며 산다. 빨래를 할

제3부 터닝 포인트

때도 정말 깨끗하게 빨아서 향기가 나도록, 섬유유연제에 잠시 담가 놓았다가 말리는 사람도 있다. 그 빨래를 말려서 사물함에 넣을 때는 각지고 흩어지지 않게 같은 모양으로 가지런히 개어서 질서정연하게 집어넣는다. 빨래하는 모습이 마치 숭고한 의식을 치르는 것처럼 보인다. 타인이 그 모습을 볼 때는 거의 결벽증환자로 치부할 정도이다.

무엇이 마음에 들지 않는지 고개를 몇 번이나 갸우뚱하면서 빨래 개는 모습을 바라보자면, 사회에서는 무슨 일을 해도 큰일을 하실 분 같다는 생각이 들 정도이다. 교도소에 갇혀 있으면서 아무 일도 할 수 없는 장기수 신세가 되면서, 사소한 일상에 큰 의미를 부여하면서 정성을 쏟는다.

그는 사소한 일상도 소중히 여기는 마음으로 최선을 다하며 살아가고 있다. 매일 운동 시간에 온 힘을 다해서 달리고 있는 그 백발의 칠십대 노인이 무기수라는 말을 듣고부터는, 나는 일 분의 시간마저도 헛되게 보내지 말자는 결심을 하게 되었다. 그가 달리는 동안 무슨 생각을 하는지 알 수는 없지만 최선을 다해 달리는 그 모습이 보기 나쁘지 않다.

나는 과연 지금 제대로 살고 있는지 지금의 내 모습을 반추해보아도, 스스로에게 떳떳하지 못하고 부끄러운 마음만 든다. 당장 오늘부터라도 빨래도 내 손으로 빨고 정리 정돈도 정성을 다해야겠다고 다짐해본다. 금방 입을 옷이라고 사물함에 대충 말아서 던져 놓았던 사소한 일상부터 변화시켜 본다면, 분명히 무언가 또 다른 깨달음을 얻을 수 있을 것 같다.

27
양아치

　검정고시 공부를 하는 것은 내가 이곳에 들어와서 한 일 중에 가장 잘한 일이며 가치 있는 일이다. 다시 오지 않을 기회이기에 내 목표는 합격이 아니라 최고득점을 하는 것으로 설정했다. 합격은 당연한 것이고 무엇보다 내 자신과의 싸움에서 이기고 싶다.
　그런데 큰 목표를 세우고 검정고시반으로 방을 옮긴 첫날부터 나는 기분이 많이 상했다. 공부에만 매진해보겠다는 부푼 꿈을 안고 왔건만, 내 생각과는 달리 고시반의 분위기는 공부에 집중할 수 있는 상태가 아니다.

　고시반에 먼저 들어와 생활하는 선배가 방 분위기를 혼자 편하게 지내기 위한 체재로 만든 것이 그 이유였다. 방 사람 모두를 자기의 수족처럼 부리면서 나이가 어린 나를 은근히 무시하는 것을 느낄 수 있었다.

어느 교도소를 가더라도 조직폭력배들은 잡범과는 달리 대우를 받으면서 생활하는데, 그래도 힘없고 불쌍한 사람들은 괴롭히지 않는다. 그런데 조직생활도 해보지 못한 '양아치'가 이곳에 들어오면, 힘없고 약한 사람들을 괴롭히고 사소한 일에도 시비를 건다. 제대로 선배를 모셔보지도 않았고 후배들을 다뤄 본 적이 없기 때문에, 조직폭력배 흉내만 어설프게 내고 있다.

고시반 담당 계장님들이 건달들을 선발하지 않으려는 이유를 나는 이제야 알 것 같다. 한 번 그런 생각이 들기 시작하니 전형적인 양아치 행동을 하는 선배와 같이 밥을 먹는 것조차도 싫었고, 한 방에서 생활하면서 얼굴을 보는 것도 고역이었다.

사회라면 보기 싫은 사람이 생겼을 때 안 보면 된다. 직장이 싫으면 그만두면 되는 것이고 자기가 싫으면 평양 감사도 안 하면 그만이다. 하지만 이곳에서 한 방에 있는 동료와 서로 앙숙이 되면, 그때부터는 생지옥에서 사는 것이나 마찬가지가 된다.

서로 지역이 다른 건달 선후배 사이라서 말은 못 하고 있지만 속으로 서로 인정하기 싫은 사이가 되면, 전쟁이 생길 수밖에 없는 것이 건달들의 속성이다.

비록 내가 나이는 어리지만 그 선배가 하는 행동들을 보니, 선배로서 존경스러운 생각이 전혀 들지 않았다. 특히 말도 안 되는 트집을 잡아서 같은 방의 동료들을 괴롭히는 모습으로 자기를 과시하곤 했는데, 나보다 나이가 많다는 이유 하나만으로 선배 대접을 한다는 것이 내키지 않았다. 건달세계에서는 선후배 간에 인사를 할 때, 특히 이곳에서는 나이 많은 것이 벼슬이 될 때도 있다.

혈기왕성한 나는 주먹이 불끈 쥐어지는 것을 애써 참으며 많은 고민을 하는 처지가 되었다. 이 난관을 극복할 아무런 방법도 찾지 못하고 운동 시간마다 친구 영기에게 짜증을 내었고, 언제 터질지 모르는 일촉즉발의 시간들이 계속되었다.

그렇게 욱하는 마음을 겨우 진정시키면서 방으로 들어와 책상 앞에 앉아서 책을 펴고 공부를 하려 했지만, 속으로는 울화통이 터져 눈에 아무것도 들어오지 않았다. 나이 많은 사람에게도 반말을 하고 어린애들을 괴롭히는 것까지는 참을 수 있어도, 몸이 불편한 사람을 장난삼아 괴롭히는 것은 도저히 용납이 되지 않았다. 어느 날은 한쪽 다리를 저는 동료를 괴롭히고 즐겁다고 웃는 모습을 난 더 이상 역겨워서 볼 수가 없었다. 결국 내 인내의 화약고가 터져버리고 말았다. 나는 힘들게 고시반에 들어왔기 때문에 매사에 살얼음 위를 걷듯이, 조심해야 한다는 생각에 그동안 꾹꾹 참고만 있던 터였다.

오자마자 사고를 치면 나를 응원하고 있는 가족과 누나한테도 면목이 없고, 공장에 있는 선후배들한테도 미안할 것 같아서 정말 조용히 지내고 싶었다. 하지만 난 더 이상 화를 참지 못하고 벌떡 일어나서, 그동안 속에 쌓여있던 도저히 주워 담을 수 없는 막말까지 해버리고 말았다.

"어이 시발 양아치 새끼야. 그만 좀 해라 개새끼야." 다 씹어 먹을 것처럼 이를 갈면서 눈에 불을 켜고 흥분하는 나를 보고 당황해하는 선배를 노려보고 있는데 놀란 동료들이 말리기 시작한다. 나의 기세에 당황한 양아치는 고개를 숙이고 멍하게 쳐다보고 있을 뿐이다.

복도에 있던 반장이 놀라서 담당 부장님을 통해서 방문을 열고 흥

분해 있는 나를 밖으로 데리고 나왔다. 그동안에 이미 반장도 방 분위기가 이상하다는 것을 알고 있었기 때문에, 나를 다른 방으로 전방시키려고 했다고 하며 흥분한 나를 진정시켰다.

감정이 격해진 나는 "고시반은 공부하는 곳이지, 양아치 소굴이 아니지 않느냐."라고 따지고 대들었다. 서로 치고 받고 싸움을 한 것이 아니라서 일단 나를 다독인 반장의 말을 듣고, 다시 방으로 들어가려던 나는 기가 막혀 혀를 찰 수밖에 없었다. 화가 나서 내가 난리를 칠 때는 조용하던 양아치 새끼가, 내가 나오니 창살을 사이에 두고 입에 담지도 못할 육두문자를 마구 쓰고 있다.

들어오면 죽이니 살리니 하면서 웃통을 벗고 설치고 있는 모습을 보며, '정말 어쩔 수 없는 양아치구나.'라는 생각이 절로 들었다. 안에 있을 땐 끽소리도 못 하고 고개를 숙이고 있더니, 창살을 사이에 두고 있으니 저렇게 흥분한 미친개처럼 방방 뛰고 난리를 친다.

담당 부장님은 입장이 난처한지 안절부절못하고 있다. 나는 일단 방으로 들어가겠다고 하고 있고 안에 있는 양아치는 내가 들어올까 봐 더 난리를 치고 있으니, 할 수 없이 담당 부장님이 관구실에 보고를 할 수 밖에 없었다. 몸싸움을 한 것이 아니기 때문에 나는 아무런 처벌 없이 옆방으로 전방을 가게 되었다. 그래서 열심히 공부에 집중을 할 수가 있게 되었고 본격적으로 대검 준비를 하게 되었다.

내가 그렇게 난리를 치고 옆방으로 옮긴 후 그 양아치는 조금 정신을 차렸는지, 같은 방의 동료들을 많이 괴롭히지는 않았지만 제 버릇 개 못 준다고 툭하면 방 사람들과 말썽을 일으켰다.

28
신의 손

　재판이 끝나고 실형이 확정된 모든 기결수들은 공장에 나가 작업을 해야 한다. 하지만 직업 훈련생이나 검정고시 준비생들은 작업시간에 공부를 할 수 있는 특혜가 주어진다. 하루 일과를 공부로 시작해서 공부로 끝이 난다.
　그중에서도 몸으로 해야 하는 기술 습득 훈련이 아니고, 머리를 써야 하는 검정고시 훈련생들은 하루 종일 책하고 씨름을 하게 된다. 그래서 중간에 한 시간 정도의 운동 시간은 가뭄에 단비 같은 시간이다.

　공장에 출역하고 있을 때는 큰 운동장에서 사십오 분이라는 짧은 시간 안에서도 많은 운동을 할 수 있었다. 그런데 고시반으로 온 이후로는 사동 쪽에 있는 좁은 공간에서 운동을 하게 되었는데, 시간은 십오 분 정도 더 늘었어도 공간 자체가 너무 좁아서 운동량이 항상 모자랐다. 대운동장에서는 농구, 족구, 테니스, 달리기만을 했지만 사동 운동장은 관구실에서 보이지 않는 사각지대이다. 그래서 운동 종목에 없는 축구를 할 수 있기 때문에 여간 즐거운 것이 아니다.

교도소 사동 사이의 공간에서 운동을 하다 보니, 양쪽의 사동 벽에 분필로 네모를 그려서 골대를 만들 수가 있다. 족구장처럼 5:5로 편을 갈라서 축구를 하면 정말 재미있다. 땀을 빼기 위해 안에는 내복을 입고 밖에는 바람막이에 장갑까지 끼게 되면 마음은 국가대표 저리 가라다.

다섯 명씩 편을 갈라 오징어 다섯 마리를 걸고 하는데, 오징어는 형식상 걸어놓은 것이지만 지게 되면 하루 종일 기분이 최악이 된다. 이긴 날은 상대편에게 오징어 다섯 마리를 결제 받아서 한 마리씩 나누어 먹는다. 그날은 하루 종일 콧노래를 부르며 신바람이 난다.

나는 달리기 하나는 타고났고 워낙 뛰는 것을 좋아해서 축구라면 자다가도 벌떡 일어난다. 몇 번 발목이 접질려서 복사뼈에 물이 꽉 찼어도 압박 붕대로 꽁꽁 동여매고 공을 찬 날도 부지기수였다. 그리고 나면 그날 하루 종일 발목이 아파서 고생을 하면서도 공을 차는 것을 보면, 나는 운동 중독증이 있다고 해도 과언이 아니다. 비라도 내리는 날이면 수중전을 치르게 되는데 서로 미끄러져 넘어지고, 빗물 때문에 앞이 잘 보이지도 않지만 나는 두 배로 골을 많이 넣는다.

나는 발도 빠르지만 손은 완전 신의 손 그 자체이다. 비가 내리는 날이면 나도 모르게 손이 움직인다. 왕년의 축구황제 '마라도나'가 경기에서 손을 쓰는 반칙을 범했지만 심판이 그 장면을 놓치는 바람에, 그대로 진행된 경기에서 이긴 후로 '신의 손'이라고 불렸다. 이처럼

나도 모르게 공이 날아오면 비를 핑계로 손이 움직인다. 그러다 보니 수중전은 나에게 두 배로 재미가 있는 경기이다.

기결수가 운동하는 이곳에는 이곳저곳 사방에 CCTV가 설치되어 있다. 그래서 사각지대가 없었기 때문에 축구를 할 수 있었던 그때가 가끔 그립다. 그런데 십 년 만에 그때 고시반에서 같이 축구를 했던 멤버한테 편지를 받았다. 청송교도소에서 사동소지를 하고 있는데 창원에서 이송 온 다른 수형자에게 나의 소식을 듣고 연락을 했단다.

나는 십 년 전에 손으로 반칙을 하면서도 귀신같이 아무도 모르게 한다고 생각했었다. 그런데 '발보다 손을 더 잘 쓰는 형님께'라고 시작되는 글을 읽으며 내가 그때 신의 손이라고 생각했던 것은, 단지 나 혼자만의 착각이었다는 것을 비로소 인정하게 되었다.

사실 그 당시에는 발보다는 의욕이 먼저 앞서서 손을 썼기 때문에 '신의 손'이 될 수 있었다. 지금 그렇게 축구를 할 수 있게 된다면 '신의 손'이 아니라 의욕이 앞서서 '신의 입'이 될 수도 있다. 특히 경상도 사투리로 어필하고 태클을 걸기 시작하면, 다른 지방 사람들은 싸움하는 걸로 착각하기 때문에 더 조심을 해야 한다.

십 년의 세월이 흘렀지만, 지금도 내 마음만큼은 그때의 '신의 손'이다.

미래의 십 년 후에도 과거와는 다른 새로운 '신의 손'이 되었으면 하는 바람을 가져본다.

29
큰형님

"덕아, 주말에 큰형님께 인사하러 간다. 아침에 깨끗이 씻고 준비하고 있어라." 친구 영기가 운동 시간에 한 말이다.

큰형님께 인사하러 가기 전에 준비를 하는 것이 이곳에서는 왠지 다소 낯설게 생각되었다. 아직 제일 큰형님께 인사를 할 기회가 없었는데 고시반으로 오면서 운 좋게도, 한 사동에 이곳에서 제일 어른인 큰형님이 생활하고 있다.

어느 교도소를 가든지 교도소마다 제일 큰형님은 다 있다. 하지만 공주교도소의 큰형님은 그동안 건달 생활을 하면서 전설처럼 말로만 들었던 분이다. 한 교도소에 살면서도 나와 인연이 되지 못하면, 인사조차 하기 어려운 분이었다. 그만큼 가볍게 움직이지도 않았고, 항상 조용하게 책만 즐겨본다는 소문만 듣고 있던 참이었다.

큰형님이 이곳에 오게 된 경위는 1986년 8월 14일 밤 10시 강남구

역삼동 서진회관에서, 서울 목포파와 맘보파 일행들이 술을 너무 늦게 들여온다며 웨이터에게 폭력을 휘두른 것이 사건의 발단이 되었다.

이날 목포파 조직원과 맘보파 조직원 간의 싸움은 수십 년이 지난 지금까지도 '서진 룸살롱'하면 아는 사람은 다 아는 가장 큰 사건 중의 하나이다. 그런데 그 사건에서 가장 중심축이었던 큰형님이 이곳 공주교도소에 수감 중이고 나와 같은 사동에서 생활하고 있다.

일요일에 가기로 했지만 벌써부터 긴장이 되었다. 손가락으로 대충 계산해보니 사건이 있을 당시 내 나이는 겨우 열두 살밖에 되지 않는다. 그래도 뉴스에서 크게 보도한 탓인지 생생하게 기억이 난다. 그 당시에는 큰 사건이었기 때문에 시간이 지나도 사람들의 기억에 남아 있다. 그 사건의 중심에 있던 큰형님이 한 사동에서 같이 생활하고 있기에 행동거지를 조심해야겠다는 생각으로 지내고 있었.

드디어 일요일 오전에 고시반 반장과 친구 영기와 같이 큰형님을 찾아뵙고 큰절을 했다. 말로만 듣던 큰형님 앞에서 양반다리를 하고 허리를 곧게 펴고 나름 듬직한 모습을 보이고자 노력했다. 형님 얼굴은 쳐다보지도 못했다.

전방 45°로 눈을 부릅뜨고 얼음처럼 굳어 있으니, 큰형님께서는 웃음을 지으면서 편하게 앉으라고 몇 번이나 말을 하였다. 그럴수록 내 몸은 더 굳어졌고 무슨 말을 들었는지 한마디도 기억이 나지 않을 정도로 긴장을 한 채 방을 나왔다.

보통의 키에 젊은 사람과 비교해도 뒤지지 않을 만큼 굵은 팔뚝과 어깨가 넓어보였다. 부드러운 웃음으로 편하게 대해 주었지만 눈빛만큼은 매섭게 날이 서있는 날카로운 검처럼 반짝거렸다. 이십 년 가까이 교도소에서 살아오신 분이라고는 전혀 생각되지 않았다. 부드럽게 말씀하시는 목소리의 톤은 굵직했고 몸에서 엄청나게 강한 기운이 느껴졌다. 내가 그동안 보아왔던 선배들의 모습과는 차원이 다르고, 암흑 속에서 수십 년을 고독하게 살아오신 진한 카리스마가 그대로 느껴졌다. 그의 쓸쓸한 중년의 모습에서는 이미 예전의 젊은 혈기는 찾아볼 수가 없었다. 마치 한그루의 곧은 고목나무를 보고 있는 것 같은 느낌을 받았다.

사건이 일어난 때부터 이십 년 가까이 징역을 살았고 지금은 2016년도이니, 큰형님은 벌써 삼십 년이라는 세월을 이곳에서 무기징역이라는 실형을 선고받아 살고 있다. 다른 무기수들은 이십 년 정도 살게 되면 유기형으로 감형이 되고 출소를 했다. 강산이 세 번이나 변한 세월 동안 수없이 많은 시간이 흘러도 큰형님은 감형도 되지 않았다. 다른 죄와 비교하여 형평성에 어긋난 법무부의 행정 처리가 아쉬울 뿐이다.

매년 3.1절이나 광복절이면 마음 졸이며 새 희망을 품고 기대하면서 살아가고 있는 교도소의 장기수들에도, 인권을 찾을 수 있는 어떤 혜택이나 기회가 주어졌으면 좋겠다.

대한민국의 국민으로서 최소한의 권리를 존중받았으면 하는 기대가 너무 큰 것인지 의구심이 들기도 한다. 물론 그 사건의 피해자를 생각한다면 굉장히 조심스러운 이야기이다. 높은 곳에서 낮은 곳을 향한 뜨거운 가슴을 지닌 참된 정치를 하는 사람들이, 이 땅에 단 한

명이라도 있다면 이런 현실을 조금만이라도 돌아보았으면 좋겠다. 내 눈에는 모두들 튀려고만 할 뿐 진정성 있는 모습이 부족해 보이기만 하다.

눈에 훤히 보이는 곳에 일만 처리하지 말고 안 보이는 곳이나 이미 유배지에 버려져 세상에서 잊혀져가고 있는, 너무 어둡고 멀어서 손길이 미칠 수 없는 외딴곳의 일에도 지속적인 관심과 배려를 가져주었으면 좋겠다는 바람을 가져본다.

소외된 자들의 손을 좀 더 많이 잡아 준다면 매번 선거 때만 시장에 나타나 할머니들과 악수하다가, 돌아갈 때는 반짝거리는 고급 세단을 타고 떠나며 위화감을 조성하는 모양새들은 좀 줄어들지 않을까 싶다. 그런데 어떻게 그렇게 매번 선거철만 되면 점퍼를 입고 입에 미소를 짓다가도, 결과 발표가 끝나면 겸손했던 어깨가 올라가는 것인지 정말 저절로 감탄이 나올 뿐이다.

선거 때만 가식적인 상황을 연출할 것이 아니라, 진심으로 나라를 생각하고 큰일을 하고 싶다면 약한 사람들의 편이 되어야 한다. 비록 교도소에 살고 있는 밑바닥의 인생이지만, 이득이 안 되면 서로를 향해 손가락질을 하고 헐뜯는 짓을 건달들은 하지 않는다.

대통령은 국민의 안전을 위해서 가장 많은 노력을 하는 분이니 어두운 곳에도 햇볕을 쪼여주었으면 좋겠다. 엊그제 임 병장 사건이 대법원의 최종 사형 확정을 받으면서 대한민국의 사형수들은 육십일 명이 되었다.

무기수들이 기결수 공장에 출역하면 일반수들은 겁을 낸다. 희망이 없는 장기수들만 많다 보니 함께 있는 그 자체만으로도 우울해지는 등, 간접적인 피해까지 끼칠 수 있기 때문이다.

　이곳도 사람이 사는 곳인데 통로도 희망도 없이 꽉 막아 버린다면, 다 썩어서 재가 되어 버리고 말 것이다. 진정으로 지난날을 반성하고 회개하는 모습을 보인다면, 새롭게 태어날 수 있는 기회도 주어져야 한다. 호랑이 담배 피우던 시절의 죄명을 씌워 놓고, 변하는 세월과 사람은 보지 못하는 현재의 제도는 참으로 많은 부분에 한계가 있는 것 같다.

　법 앞에는 모든 사람이 평등하다는 헌법 제11조가 이곳의 무기수들에서도 적용되었으면 하는 간절한 바람을 가져 본다.

30
터닝 포인트

　한방에서 열 명의 사람들이 코를 골며 잠꼬대를 하면서 잠을 잔다. 동 트기 전 새벽 여섯 시에 기상을 해서 순서대로 한 명씩 볼일을 보고 간단하게 세면을 한다. 여름에는 세면시간을 기다렸지만 입춘이 지나고 찬바람이 부는 요즘은 씻는 것도 점점 귀찮게 느껴진다. 일 분이라도 더 자고 싶은 마음에 눈을 뜨지 않고 자리에서 뒹굴뒹굴거린다.
　하루 종일 거실에만 앉아 있는데 왜 이리 피곤한 것인지, 밤이 되면 눈꺼풀이 제일 무겁게 느껴지고 짧은 밤이 그저 아쉽기만 하다. 시도 때도 없이 내 마음 편할 때 일어나고 먹고 싶을 때 먹었던 과거의 삶은 행복 그 자체였다.

　이곳에서는 정해진 규칙에 맞추어 살다 보니 수면시간조차도 피곤하고 졸려서 자는 것이 아니라, 취침시간이라고 자라고 하니 억지로 잠을 청한다. 그래서 그런지 늘 피로가 풀리지 않고 온몸이 찌뿌듯하다. 잠을 자도 도무지 개운하지가 않다. 충분한 수면과 휴식시간이 그립기만 하다. 그래도 뜨거운 물을 넣어주는 소지들 덕분에 따뜻한 커피를 한잔 마시면, 밤새도록 추운 곳에서 뒤척이며 굳어있던 몸이 사르르 녹아내리곤 한다.

비염이 심한 동료는 아침부터 콧물이 많이 나온다고 코를 풀더니, 이젠 두 콧구멍에 화장지를 돌돌 말아 끼우고는 연신 입을 벌려서 숨을 쉬고 있다. 동료는 겸연쩍은지 사회에 있을 때는 이 정도로 심하진 않았다고 말한다. 분명 사회 있을 때도 비염이 심했을 테지만, 다른 바쁜 일들로 인해서 지금처럼 일상에 크게 지장이 없었을지도 모른다.

이곳에서 아무 할 일 없이 하루 종일 있다 보면 사소한 것도 별것이 되고 오만 가지 상상의 나래를 펼치게 된다. 인간의 가장 원초적 본능인 굶주림부터 시작해서 하루에도 수십 번씩 빌딩을 세우고 무너뜨리는 상상을 한다. 사회에 나가면 많은 돈을 벌 수 있을 것 같다는 생각도 들고, 아무도 부러울 것도 없이 잘살 수 있다는 헛된 자신감이 생기기도 한다. 그리고 집에서도 최고의 효자, 최고의 남편, 최고의 아빠가 될 수 있을 것 같다.

초범들일수록 사회로 나가기만 하면 모든 것이 자기가 마음먹은 뜻대로 다 잘 될 것이라는, 거의 망상에 가까운 착각에 빠져서 '내가 나가기만 하면'이라는 생각으로 하루하루를 지내고 있다. 하지만 그들이 출소를 한다고 해서 그들의 바람처럼 만사형통한 것은 아니다. 그러니 여기에서 아무것도 아닌 일상에 쫓겨 아까운 시간들을 낭비하

지 말고, 사회에 나갈 때를 대비해서 적극적인 자세로 스스로의 앞날에 대비를 해두어야 한다.

이곳에서는 생각할 시간이 많지만 밖으로 나가는 그 순간부터 스마트폰에 수갑이 채워지고, 그동안 얼굴을 보지 못했던 지인들과 술도 한잔 하면서 한동안은 정신없이 지내게 된다. 그렇게 아까운 시간들이 지나가면서 그동안 이곳에서 했던 다짐들은, 술 마시면서 이미 다 잊어버려 생각도 안 나게 된다. 그렇게 되면 예전처럼 또다시 언제 어떻게 될지 모르는 불안한 상태에 놓이게 된다. 자기의 운명을 자신의 뜻대로 바꾸면서 산다는 것은, 남들보다 더 뜨거운 열정과 피나는 노력이 있어야 한다.

아마도 많은 사람들은 자기의 운명을 탓해 본 적이 있을 것이다. 나도 몇 번씩이나 교도소에 발을 들여 놓으면서 항상 내 못난 운명을 탓해 본 적이 있었다. 하지만 이렇게 운명만을 탓하면서 살다 보면 그 운명의 깊은 수렁 속에서 영원히 빠져 나올 수가 없게 된다. 내 인생은 나의 것이고 내 운명도 나만이 바꿀 수 있다.

수감생활을 했던 사람들 중에는 자기의 운명을 스스로 개척하여, 인생의 전환점으로 삼아 크게 성공한 사람들도 있다. 넬슨 만델라, 김대중 대통령, 최근에 별세한 『감옥으로부터의 사색』의 저자 신영복 교수 등이 그 대표적인 인물이다.

어차피 천년만년 살 수도 없고 짧다면 짧은 우리의 인생길에, 나는 좀 더 떳떳하고 부끄럽지 않은 삶을 살다 가고 싶다.

제4부

수석 합격

31 킨제이 보고서

21세기에 접어들었지만 여전히 성에 대해 공공연하게 이야기하는 것은 금기시 되고 있다. 불안전한 감정, 예측할 수 없는 행동, 실신이나 감각의 마비 등, 신경증적 증상을 '히스테리'라고 하는데 이는 고대 그리스어의 '자궁'에서 유래한 것이다. 기원전 1900년부터 17세기까지 자궁에서 이런 증상이 발생했다고 믿었다.

1900년대 초반에 프로이트가 '정신성 발달이론'과 '오이디푸스 콤플렉스' 등의 정신분석이론을 발표했다. 억제된 성 욕구가 신경증상으로 표출될 수 있다는 내용에 서구사회는 큰 혼란에 빠졌다. 교양인이라면 성을 입에 올리지 않는 풍조가 있었고, 섹스는 오직 아이를 낳기 위한 과정일 뿐, 그 이상의 의미에 대해 생각하지 못했던 상황이었다. 금욕적인 문화 탓에 성에 대해 입에 올리는 것은 엄두조차 내지 못했다. 그러던 차에 프로이트의 '성적 욕망이 인간의 근본적인 본

능 중 하나이고, 성욕의 무의식적 왜곡과 억압이 정신적 증상을 만들어 낸다.'는 과감한 해석이 마침내 성 연구에 대한 물꼬를 트게 만들었다.

그렇게 수십 년이 흐른 후 유럽에서 나치를 피해 미국으로 이주한 많은 유대인과 정신분석자가 정신의학계에 주류로 자리를 잡으면서 프로이트의 이론도 함께 정착됐다. 그러던 중 1940년대 후반에 처음으로 섹스가 인간의 삶과 정신세계에 중요한 주제라는 것을 밝힌 연구 결과가 세상에 등장했다. 드디어 인간의 성이 의학적 대상으로 한 자리를 매김하였다. 그러나 미국 인디애나 대학교의 동물학과 교수인 앨프리드 킨제이(1894-1956)는 오직 프로이트의 사례만 이야기가 될 뿐 객관적이고 학문적인 조사가 없다는 사실을 발견했다. 이에 따라 록펠러 재단의 후원을 얻어 전국적으로 약 만여 명의 남녀를 대상으로 면접 조사를 했다.

1948년 먼저 오천삼백 명의 남성을 조사한 결과를 바탕으로 워델 포메로이, 클라이드 마틴 등과 함께 '남성의 성생활'이라는 보고서를 출간했다. 그리고 5년 후인 1953년에는 오천구백사십 명의 여성을 조사해서 '여성의 성생활'을 출간함으로써 일명 '킨제이 보고서'를 완성했다.

이 보고서에서 가장 충격적인 부분은, 동성애와 자위에 대한 조사 결과였다. 당시 동성애는 정신적으로 문제가 있는 극히 일부 사람들의 왜곡된 성행위라고 생각했는데, 보고서에 따르면 동성애자는 3% 정도이며 37%의 남성이 살면서 한 번쯤은 오르가슴을 동반한 동성애를 경험한다고 나와 있다.

한편 남성의 70%가 사창가에 간 적이 있고 15%는 반복적으로 방문한다고 한다. 여성의 경우 62%가 자위행위를 하고, 절반 정도가 혼전에 성교를 경험했으며, 기혼녀의 26%가 혼외정사를 한다는 보고는 충격적이었다. 여성도 남성 못지않게 섹스를 즐기고 오르가슴을 경험한다는 사실은, 당시 금욕적이고 보수적인 미국 사회에 큰 반향을 불러일으켰다.

이 놀라운 내용의 보고서는 통계수치와 도표로만 구성되었지만, 미국 내에서만 이십오만 부가 판매되었고 전 세계 십이 개의 언어로 번역되었다.

한편 이러한 폭발적인 반응과 함께 당시 사람들이 막연하게 짐작했던 동성애, 혼외정사, 사창가 방문, 자위행위 등 해서는 안 된다고 여기는 행위를 객관적인 수치로 밝혀낸 것에 대한 사회적인 후폭풍도 거세게 일었다.

먼저 이 사실을 인정하기보다는 이를 조사한 킨제이에게 공격의 화살이 돌아갔다. 이에 놀란 록펠러 재단은 연구비 지원을 중단했고 쏟아지는 비난에 마음고생을 한 탓인지, 킨제이는 두 번째 보고서를 발표한 다음 해인 1954년에 사망했다. 냉전시대이자 매카시즘의 광풍이 불던 보수적인 시대였음을 감안하면, 킨제이 보고서에 대한 미국사회의 반응이 얼마나 격렬했을지 짐작할 수 있다. 연구자에 지나지 않던 킨제이가 그 심적 고통과 공포를 감당하기는 아마도 어려웠을 것 같다.

건국대학교 의학전문대학원의 하지현 교수님이 쓴 『정신의학의 탄생』이라는 책을 읽으면서, 내 머릿속에 '킨제이 보고서'의 내용이 보다 상세하게 정리가 되었다.

자유스럽고 개방적인 미국에서도 성에 대해서는 우리나라 못지않게 사회가 폐쇄적이고 반응을 억제했었다는 점에 놀라면서 읽었다. 그 당시에도 정상적인 성생활을 하지 못하고 아무도 모르게 비상식적인 행동을 하는 사람이 많았다. 그것이 밝혀지면 한평생 갈고 닦은 명성이 무너진다는 두려움과, 하루아침에 인격이 모독될까 두려워서 그 보고서의 내용을 덮어버린 것이다.

요즘엔 이곳에도 많은 사람들이 성범죄를 저지르고 들어온다. 하지만 이들을 위한 성교육 프로그램은 제대로 시행되고 있지 않다. 성범죄로 실형이 확정되는 사람들이나, 법원에서 최종적으로 성교육 프로그램 이수명령을 받는 사람들만이 성교육을 받을 수 있다. 집행유예 등의 가벼운 처벌을 받게 되는 사람들은 성교육에서 제외된다.

성범죄를 저지른 사람들의 대부분은 이런 교육의 혜택을 받아보지 못한 사람들이다. 성에 대한 경험이 전혀 없거나 성에 대해 무지한 경우가 많다. 이성에 대한 마음을 혼자 정리도 하기 전에 행동으로 옮기기 때문에 무엇이 잘못인지조차 잘 모른다. 비뚤어진 생각으로 밤길을 배회하다 젊은 여성을 위협해서 강간에 성공해본 남자들은 제2의, 제3의 범죄를 다시 저지르곤 한다.

간혹 뉴스에 나오는 '발바리'들은 이곳에도 의외로 많다. 뉴스 보도

중 특이한 사건들만 나오면 보게 되는데 발바리들도 지역구가 다 정해져 있다. 진주발바리, 마산발바리, 고성발바리, 창원발바리 등 모두가 다 자기들이 활동하는 구역 안에서 범행을 저질렀다. 그리고 성범죄를 저지르는 발바리들은 일반 사람들이 보기에 오히려 거의 완벽하다 싶을 정도의 안정된 생활을 영위하고 있다. 아내가 있거나 여자친구가 있는 평범한 직장인들이 대부분이다.

평상시에는 착실하게 생활을 잘 하다가 술을 마시거나 아니면 심하게 스트레스를 받았을 때, 다른 사람에게 도움을 요청하지 않고 그것을 잘못된 방법으로 풀어낸다. 그리고 대부분 비슷한 행동으로 범행을 시도한다. 한적한 골목길에 숨어 있다가 혼자 귀가하는 여성들을 상대로 갑자기 뛰어나와 추행을 하고 도망가는 것에 그친다. 그러다 몇 번의 시도가 성공하면 그때부터는 그런 추행에서 만족하지 못하고, 더 심한 행동으로 발전시키면서 나중에는 돌이키지 못할 행동을 하게 된다. 이런 사건은 일반범죄라고 생각할 것이 아니라 심한 정신병과 같은 증상이라고 생각해야 된다.

겉으로 보기에는 멀쩡하고 법 없이도 살 것처럼 순한 사람이, 밤만되면 자기구역 내에서 거미줄을 쳐 놓고 한 명만 걸려들기를 밤새도록 기다린다. 걸려들면 잡아먹고 안 걸려들어도 밤새도록 으슥한 골목길에서 범행 대상을 물색하면서 그 자체를 즐긴다. 이를 일반범으로만 처벌하는 것은 문제가 있다.

처벌보다는 심각한 사회문제로 생각하고 지속된 성교육이 필요해 보인다. 무엇보다도 성 자체를 아무런 교육 없이 무방비 상태로 있게 만든, 현 교육이 더 심각한 문제인 것 같다.

다 그런 것은 아니지만 사춘기가 되면 스스로 자기 몸에 이상반응을 느끼거나 야동을 보면서 정상적이지 못한 방법으로 성에 대해 잘못 인식하는 경우가 있다. 이제는 이런 범죄가 없도록 올바르게 이성을 사랑하는 방법과 성이란 것이 결코 무분별하거나 더럽고 몰래 행해지는 비밀이 아닌, 사랑하는 성인들이 가족관계를 형성하고 자연적으로 행해지는 사랑의 한 방법임을 자연스럽게 교육하여야 한다. 그나마 여자들에게는 성범죄 관련 교육을 많이 하고 있지만 남자들에게는 그런 교육조차 허락되지 않는다. 그리고 현실은 연약한 여성들이 성범죄의 대상이 되는 경우가 훨씬 많다. 이것은 여성이 성교육을 받는다고 해결될 문제가 아니다.

더 이상 발바리들이 밤거리에서 거미줄을 쳐놓고 기다리는 순간을 즐기게 해서는 안 된다. 그들의 범행대상은 내 딸이 될 수도 있고 내 아내가 될 수도 있고 내 누이가 될 수도 있다. 이런 '발바리'들이 생기지 않도록 사회적으로 성에 대한 접근을 바꾼다면 이와 같은 일이 줄어들 것이다.

미국에 '킨제이 보고서'가 완성되었을 때 그 당시 사람들에게 인정보다는 배척을 받았다. 하지만 사회의 금기시되는 내용을 밝힌 그 보고서가, 현대에서는 성에 대한 문제를 해결하는 곳에서 빛을 발하고 있다.

성범죄로 들어온 '발바리'들 대부분은, 자신은 죄를 뒤집어썼다고 부인을 하는 똑같은 증세가 있다. 그것이 바로 그들이 가진 특징 중에 하나이다. 그러다가 재판에 가면 최종적으로는 범죄를 인정하며 선처를 호소한다.

우리도 어둡게 그늘진 곳을 더 이상 숨기려고만 하지 말고 '발바리 보고서'를 만들어 그 '발바리'들이 더 이상 그 지역에서 발을 붙이지 못하도록 알려야 한다. 그리고 멀쩡한 우리 이웃이 밤이 되면 발바리로 변하지 않도록, 지속적으로 교육하여 만일의 사태에 대비해야 한다. 근본적인 문제해결은 교육을 통해 같은 행동을 반복하지 않도록 모두가 도와야 한다. 이제 더 이상은 '발바리'들이 범행을 부인하는 모습을 보고 싶지 않다.

32 어미 참새의 사랑

러시아 작가 투르게네프(1818-1883)의 일화이다. 어느 날 사냥에서 돌아와 정원을 거닐고 있는데 무엇인가를 발견한 사냥개가, 숨을 죽인 채 살금살금 기어가고 있었다. 사냥개의 앞을 살펴보았더니 머리에 솜털이 보송보송한 참새 새끼 한 마리가 있다. 둥지에서 떨어진 새끼는 갓 생겨난 날갯죽지를 애처롭게 파닥파닥거리고 있었다.

사냥개는 조심스럽게 새끼 쪽으로 접근을 했다. 그런데 그때 갑자기 나무 위에서 날쌔게 어미 참새가 날아와 새끼 앞에 내려앉는다. 어미는 털을 곤두세우고 삐익, 삐익 울부짖으면서 새끼를 보호하려고 사냥개를 향해 온몸으로 돌진했다. 온몸을 던져 몇 번이나 사냥개를 공격하였고, 결국에 어미 참새는 온몸을 파르르 떨면서 잔디밭 위에 머리를 쳐 박고 곤두박질했다. 돌발 사태에 놀란 사냥개는 꼬리를 감추고 도망갔다. 그토록 사납고 용감하던 사냥개도, 새끼를 구하기 위해 목숨을 걸고 덤비는 어미 참새의 모정은 이길 수 없었던 모양이다.

투르게네프는 사냥개를 불러들이고는, 그날부터 사냥을 그만두었다. 그는 훗날 "사랑은 죽음보다도 아니 죽음의 공포보다도 강하다는 것을 어미 참새로부터 배웠다."고 회고했다.

어미 참새가 생각지도 못한 그 상황에서 감히 사냥개를 상대로 싸울 수 있었던 것은 오로지 새끼를 위해서였다. 새끼만 아니었다면 어미 참새는 감히 사냥개 앞에 나설 수도 없었을 것이다. 사냥개를 상대로 온몸을 날린다는 것은, 목숨을 포기하는 것과 다름없이 너무나 무모한 짓이다. 하지만 어미 참새는 자기의 새끼 외에는 그 어떤 것도 눈에 보이지 않았고, 오로지 새끼를 위해서 자신의 목숨 따위는 아깝지 않았다.

나무 위에서 떨어진 새끼 참새를 지키기 위해 어미 참새는 죽음도 불사한 것이다. 이곳에 있는 모든 이들의 어머니 또한 어미 참새의 마음과 크게 다르지 않을 것이다. 어미 참새의 마음처럼 자신의 목숨보다 더 소중한 자식들을 생각하며 하루하루를 버텨내고 있을 것이다.

나무 위에서 새끼 참새가 떨어지기 전에는 아무 힘도 없고 나약한 어미 참새였지만, 새끼가 위험에 처해진 그 순간에는 목숨을 걸고 싸울 수 있는 세상에서 가장 강인한 모성애를 발휘하게 된다.

내 어머니는 한없이 착하고 여리신 분이지만 나에 대한 사랑만큼은 그 어미 참새 이상이었다고 생각한다. 아마 그보다 더한 강인함으로 나를 지켜냈을 것이다. 내가 만약 내 어머니와 반대의 입장에 서게 된다면 나도 과연 그렇게 할 수 있을지 의문이 들기도 한다.

한 부모가 열 자식을 거둘 수는 있지만 열 자식이 한 부모를 못 모신다는 말이 있다. 어머니의 그 큰 사랑을 자식의 입장에서는 전혀 알지 못하다가, 자신이 자식이 생겨서 부모가 되고 자식이 위험에 처해지는 순간에야 자식에 대한 사랑으로 세상에서 가장 강인한 용사가 된다.

자식은 부모에게 목숨보다도 더 소중한 존재이다.

나무 위에 있을 때 한 발 한 발 조심히 내딛어야 하고, 나무 위에 있을 때 부모님 말씀에 귀 기울여 들어야 한다. 나무 위에서 떨어지면 절대로 혼자만 떨어지는 것이 아니라 가족 모두가 떨어지는 것이다.

33 홍시

　어머니는 돈 계산에 그리 밝은 분은 아니지만 노점에서 과일을 팔았다. 시장 입구에 자리를 펴고 과일들을 바구니에 담아 일렬로 배열해 놓고, 중간에 사과나무 궤짝 여러 개를 뒤집어 놓았다. 그 위에 합판과 스티로폼 두꺼운 것을 깔고 두꺼운 담요를 깔고 앉았다. 난 그 구석에 새우처럼 구부리고 누워서 어머니 무릎을 베고 단잠을 자다가 일어나면, 내 주위로 예쁜 과일들이 반짝반짝 빛나고 있다.
　먹음직스러운 과일들이 반짝반짝 빛나고 사과는 내 얼굴이 보일 정도로 투명하도록, 어머니는 쉬지 않고 마른수건으로 과일들을 닦고 또 닦았다. 저녁 늦게까지 장사하는 날은 카바이드에 물을 넣어서 위에 있는 조그만 구멍에 불을 붙인다. 가스가 떨어질 때까지 손님들을 기다렸다.
　장사가 끝나면 잠자고 있는 나를 깨워서 한쪽에 앉혀 놓고, 과일 상자들을 한곳으로 쌓아서 천막으로 둘러 싸매놓고 검은 타이어를 잘라

놓은 두꺼운 줄로 꼭 묶어 놓는다. 쥐가 들어가지 못하게 큰 돌 몇 개를 눌러 놓는 것으로 마무리를 하고 나서야 늦은 밤 집으로 들어왔다.

어머니는 남들보다 특별한 장사 재주가 있는 것도 아닌데 옆집의 다른 과일 집보다 손님이 많았다. 보기 좋은 떡이 먹기도 좋다는 말처럼 날마다 과일들을 마른 수건으로 반짝반짝하게 닦아 놓았기 때문이다. 그러면 지나가던 사람들이 쳐다보고 허리를 구부려 과일을 만지며 담아 달라고 한다. 어머니는 과일을 닦다가 흠이 있거나 모양이 안 좋은 과일들이 있으면 따로 빼 두었다가, 사과를 사가는 사람에게는 토마토 두 개를 덤으로 토마토를 사가는 사람에게는 사과를 덤으로 주었다. 다음 날이 되면 팔 수 없는 과일들은 자식들한테 주스도 해 주고 과일 화채도 만들어 주었다.

그중에 가장 기억에 남고, 맛이 있었던 것이 바로 홍시감이다. 내가 어렸을 때 먹었던 홍시감은 어머니가 팔기 위해서 닦다가 모양이 안 좋거나 흠집이 있어서 상품 가치가 떨어져 팔 수 없는 것들이다. 사과 궤짝에 신문을 몇 장 깔고 줄을 맞추어 담아서 부엌 선반 위에 올려놓는다. 한 달 이상이 지나면 홍시가 된 감을 하나씩 사발에 담아서 숟가락으로 떠먹었는데, 그 맛은 정말 그 어떤 맛보다도 꿀맛이었다.

교도소에서도 가을이 되면 단감을 구매할 수 있다. 특히나 공주교도소에서는 철따라 제철에 나오는 신선한 과일들을 많이 공급해준다. 큰 교도소보다는 인원이 적어서 행정 처리도 빠르고 항상 싱싱한 물품이 제때 빠르게 공급되는 것 같다. 그중에서도 특히 단감은 싱싱하

기도 하지만 싼값에 공급이 되어서 수형자들이 자주 먹는 품목이다.

나는 어렸을 때 먹었던 홍시를 떠올리면서 단감을 많이 구매했다. 안 좋은 것들은 깎아서 먼저 먹고 모양도 좋고 크기도 알맞은 것들만 골라서, 마른 수건으로 빛이 반짝반짝 날 때까지 닦았다. 그리고 종이박스 안에 신문을 깔고 줄을 맞추어서 담아 두었다. 이백 개 정도를 박스 세 개에 널찍하게 담아두고서, 맛있게 익으라고 주문을 외워 선반 위에 올려두었다. 그리고 첫눈이 펑펑 내리던 날 드디어 감 박스를 개봉했다. 이미 반 이상이 빨간색 투명 홍시로 익어있었고, 나머지들도 금방 홍시가 될 것처럼 반짝반짝 빛나고 있었다. 그중에 몇 개는 너무 많이 물러서 빨리 먹지 않으면 울 것처럼 인상을 잔뜩 찡그리고 있다.

기쁜 마음으로 제일 모양이 예쁘고 싱싱한 것을 골라서 주권이 형을 불렀다. 주권이 형은 큰형님과 한 방을 십 년 동안 쓰고 있으면서, 큰형님 옆에서 큰형님 식사도 챙기고 빨래도 하는 일반수이다. 하지만 건달들보다 더 의리 있고 듬직한 형님이었다. 큰형님과 십 년이 넘는 시간들을 같이 먹고 자고 하면서 지냈다는, 그 자체 하나만으로도 나는 형을 무척 신뢰했다.

친형님처럼 내가 먼저 마음을 열고 가까이 다가섰기 때문에, 비록 짧은 시간을 보아왔지만 주권이 형 역시도 나를 신뢰하고 있었다. 십 년이 넘게 큰형님을 옆에서 모신다는 것은 보통의 건달들도 하기 힘든 일인데, 주권이 형의 내공도 보통이 아닌 것 같다는 생각이 들었다. 무협지로 친다면 무림의 숨은 고수라고 할 수 있는 형이었다.

내가 건넨 홍시를 받아 든 형이 깜짝 놀라면서 물었다. "와, 이걸

어디서." 가을에 단감 구매했던 것을 깨끗이 닦아서 그동안 선반에 두었다고 설명하니 정말 깜짝 놀란다. 매년 단감을 먹으면서도 홍시 만들 생각은 못 했다고 하면서 식기에 담아갔다.

조금 있다가 설거지를 끝내고 찾아온 주권이 형이 밝은 목소리로 찾아와서, 큰형님이 맛있게 들었다고 한다. 큰형님은 육식은 안 좋아하고 소식만 하는데도 온몸이 이십대 못지않은 근육질로 단단하다. 하지만 큰형님 가까이에 있는 주권이 형 입장에서는, 항상 큰형님이 많이 안 먹는다고 걱정을 하던 터였다. 특히나 겨울철에는 마땅한 과일이 없어서 고민하던 차에, 홍시를 구해서 기뻐하는 주권이 형의 모습에 나도 절로 흐뭇한 미소가 지어졌다. 큰형님이 보는 앞에서만 굽실거리는 건달 동생들도 생각하지 못하는 진심과 충심이 느껴져서 고마운 마음이 들었다. 그때부터 매일 아침과 저녁에는 제일 잘 익은 홍시를 골라서 주권이 형에게 주었다.

과일이 있으면 두 가지 방법의 먹는 순서가 있다. 한 가지는 제일 못생긴 것을 먼저 골라 먹는 것이고, 또 다른 방법은 제일 잘생긴 것을 골라 먹는 것이다. 나는 형에게 항상 잘 익은 예쁜 홍시를 먼저 골라주었고, 겨울 내내 큰형님은 제일 맛있고 예쁜 홍시를 맛볼 수 있었다. 그 예쁘고 달콤한 홍시는 내 어머니의 사랑과 정성을 전수받아 만들었기 때문에, 그 홍시를 맛본 큰형님도, 아마 그 어떤 다른 겨울보다도 마음이 훈훈하였으리라 생각된다.

펑펑 내리는 눈을 바라보고 있으면 어머니가 어린 나를 부뚜막에

앉혀 놓고, 사발에 담아 주었던 달콤한 홍시가 입안에서 살살 녹았던 기억이 난다. 그 생각과 추억만으로도 어머니의 따뜻한 사랑이 사르르 얼어있는 나의 마음을 녹여준다.

  이번 가을에도 맛있는 추억의 홍시를 많이 만들어 놓아야겠다. 벌써 가을이 기대되고 펑펑 눈이 내리는 홍시 먹을 날이 기다려진다.

34
운명의 굴레

어디서부터, 무엇이, 어떻게, 잘못되어서, 지금 내가 이런 외딴섬의 유배지에 외로이 홀로 고립되어 있는 것인지 수없이 많은 밤을 잠 못 이루며 스스로에게 물었다. 그러나 이미 복잡하게 얽히고설킨 많은 것들의 실마리를 '딱히 이것이다.' 하고 풀 수가 없어 답답한 마음뿐이다.

결국 나는 '내 운명이 이것밖에 되지 않는구나.'라는 생각이 들었지만, 운명이라는 굴레를 앞세운다는 것 또한 나를 합리화시키기 위한 방편이고 자기변명임을 잘 알기에, 그동안 내가 살아왔던 발자취를 따라 한 걸음, 한 걸음 되돌아가 보고 있다. 그래야만 진정한 나와 만날 수 있다.

지난날을 돌아보니 저 넓은 대자연의 푸른 초원 위를 거칠게 뛰고 있는 말보다도, 기적소리를 울리며 거친 광야를 달리는 기차보다도

더 빨리 달려왔다는 생각이 든다. 하지만 어디를 향해 달리고 있는 것인지 방향도 목적지도 알지 못한 채, 무작정 맹목적으로 달리기만 했던 내 자신에게 화가 나고 한심하다는 생각밖에는 들지 않았다.

너무 늦은 깨달음에 가슴을 부여잡고 통곡이라도 하고 싶은 심정이지만, 그럴수록 더 가슴이 아프기만 할 뿐 그것도 좋은 방법이 아니라는 생각에 고개를 젓는다. 그렇게 바보 같은 인생을 살아왔으면서도, 한 번도 내 자신에게 미안하다는 자조적인 사과 한마디 건네지 못하고 살아 왔다. 많이 늦었지만 이제라도 깨닫게 되어서 참으로 감사한 마음이다. 뒤돌아보면 앞날이 훤히 내다보이는 일들이었는데, 한 번뿐인 소중한 내 인생을 왜 그렇게 엉뚱한 곳에 시간을 허비하면서 살아왔는지 모르겠다.

내가 지금 이 순간도 제대로 잘 살고 있는 것인지 알 수 없다는 답답한 생각에 가끔 회의가 들기도 한다.

내 인생에 있어서 가장 기억하기 싫은 것 중에 하나는 바로 교도소의 수감생활이었다. 하지만 나는 또다시 수감이 되어 생활하고 있다. 허나 지금에 와 생각해보니 어쩌면 평소 그런 강박적인 생각들이, 나를 다시 교도소로 오게끔 만들었다는 생각이 든다. 지금의 이 힘든 시간들을 사회에 있을 때도 항상 기억하고 살았더라면, 아마도 나는 지금 또다시 이곳에서 이런 고통의 시간들과 씨름을 하고 있지 않을 것이다. 이곳에서 고생하고 힘들게 살았던 기억들을 잊지 않고 살았어야 했는데, 왜 그리도 이 안에서의 생활들은 출소만 하면 그리 쉽게 망각이 되는지 모르겠다.

사람들은 일반적으로 자기 합리화와 좁은 사고방식에 갇혀 무의식 중에서 힘든 기억들은 빨리 지워버리고, 좋았던 일들만 반복적으로 회상을 하기 때문에 안 좋은 일들은 빨리 잊어버리는 습성이 있다. 만약 자신이 가고 있는 길을 중간 점검도 한 번 없이, 그냥 같은 길로 계속 맹목적으로 걸어간다면 나중엔 돌아오는 길이 더 멀어진다.
　운명의 굴레 속으로 씩씩하게 걸어 들어간 것은 순전히 당신 스스로의 발걸음이니, 그 발걸음을 되돌리는 것 또한 오롯이 당신의 몫이다.

　운명의 굴레 속에서 벗어나지 못하고 내 자신이 어떤 알 수 없는 기류에 거세게 소용돌이 치고 있다는 생각이 든다면, 반드시 그 자리에 멈추어 서서 마음속 깊은 곳에 숨어있는 당신 자신에게 다시 그 길로 계속 걸어가는 것이 맞는지 꼭 확인해 보아야 한다.
　그 길이 올바른 길이 아니라는 생각이 들면 가차 없이 모든 것을 버리고 홀가분하게 새롭게 다시 시작해야 한다. 그렇게 한다 해도 우리의 삶에서 늦어지는 것은 정녕 아무것도 없다.

35 수석 합격

고시반에 들어와서 다른 사람들은 오로지 합격을 목표로 정하고, 밤낮없이 기출문제집을 사서 문제와 답을 달달 외우고 있다. 하지만 나는 목표를 합격으로 정한 것이 아니라, 합격은 당연한 것이고 수석 합격을 목표로 정하고 공부를 시작했다. 문제와 답을 달달 외우면 이해를 하지 못해도 합격은 할 수 있다. 하지만 나는 이 기회에 진정한 공부를 하고 싶어서 기본적인 원리를 이해하고자, 고등학교 교과서와 참고서를 구입해서 공부를 시작했다.

고시반에서 육 개월 정도 바짝 공부하면 대부분은 시험에 합격하게 된다. 떨어지면 다음 시험에 떨어진 과목만 응시해서 재도전하면 되기 때문이다. 그러나 나는 2년 정도 죽어라 공부해서 좋은 성적으로 합격을 하고 싶었기 때문에 기초부터 체계적으로 공부를 시작했다.

공주교도소 고시반은 대학교 독학사 과정도 있기 때문에 대검에 고득점으로 합격하면 대학교 과정의 독학사 공부도 할 수 있게 연결

되어 있어서 나 나름대로 목표를 높게 설정했다. 공장에 나가 쇼핑백만 만들다가 이렇게 공부를 할 수 있다는 것은, 정말 선택받은 자들의 특권이라고 느껴질 정도로 하루하루가 감사하기만 했다.

처음에는 아무것도 이해가 되지 않았는데, 차츰차츰 공부가 머릿속에 들어오고 답답하던 참고서들도 이해가 되기 시작했다. 고시반으로 입성한 것이 이곳에 와서 내가 한 일 중에 가장 잘한 일인 것 같다. 이곳에서 뭔가 할 수 있다는 새로운 희망이 생겨서 그런지, 나날이 기분도 좋아졌고 얼굴도 밝아지기 시작했다. 면회를 오는 가족들도 필요한 책 있으면 이야기하라고 하면서 더 많은 관심과 용기를 주었다.

모든 인간은 관심과 사랑을 받으면서 성장하도록 신에 의해서 만들어졌다. 인간이 살아가는 곳곳마다 신이 계속 함께할 수가 없기 때문에, 어머니가 신을 대신해서 계속하여 무한한 사랑과 관심을 가져주도록 가족을 만들어 주었다. 그 관심과 사랑이 조금씩 자라면서 행복의 울타리를 만들고, 자기 자신을 다듬고 성장시키면서 살아갈 수 있다. 하지만 이곳에 사는 수형자 중에는 가족에게조차도 외면당하고 있는 사람도 있다. 그러다 보니 특별히 조심할 것도 성실하게 생활해야 할 이유도 느끼지 못하는 것 같다.

가족에게조차도 외면당한 채 어디 눈치 볼 일도 없이 혼자 되는 대로 살아가는 사람은, 이곳이 마치 자기 집 안방이라도 되는 것처럼 남의 의식은 전혀 하지 않고 자기 편한 대로 막 살아간다. 툭하면 동료들과 싸움을 일삼아 분란을 만들고, 점점 자신이 망가져 엉망이 되면서 결국은 문제수로 낙인이 찍힌다. 하지만 세심한 가족들의 관심과 사랑을 받고 있는 수형자들의 생활은 다르다.

　이곳 생활이 아무리 힘들고 고통스럽다 할지라도 그들은 절대로 희망을 버리지 않기 때문에, 항상 가족들과 자기의 앞날을 생각하며 모범적으로 생활을 한다. 나 또한 사랑하는 어머니, 누나, 형이 있기 때문에 내 인생을 쉽게 포기하고 되는 대로 막 살 수가 없다. 더군다나 나는 셋째 누나가 항상 각별하게 신경을 쓰면서 면회를 다니고 있고, 항상 용기 잃지 말라고 편지도 자주 보내면서 많은 관심을 가져 준다. 하루에도 수십 번씩 안 좋은 생각이 들 때도 있었지만, 그때마다 누나의 얼굴이 자꾸 떠올라서 참은 적이 많다.

　지금 내 입장에서는 더 이상 가족들을 볼 면목도 없는 처지이다. 그래서 조금이라도 반성하고 노력하는 나의 모습을 보여주고 싶다는 생각에 검정고시를 도전하게 되었다.

　내가 공부하고 꼭 담판을 짓고야 말겠다는 나의 결의가 통했는지 공부가 눈에 들어오기 시작하면서, 시간이 흐를수록 제대로 된 집중과 몰입을 하면서 자신감도 엄청 상승이 되었다. 나와 같이 고시반에 올라온 몇 명의 동료 수형자들은 이미 합격을 해서 고시반을 떠났지만, 나는 원서도 쓰지 않고 공부에만 집중하고 있다. 이미 시험을 치른 동료들의 문제지를 가져와서 풀어보니 모두 아는 문제가 출제되어 있었고, 하면 된다는 성취감과 자신감에 가슴이 떨려 왔다.

　나는 학교를 다니면서 운동에만 집중했었고, 공부를 할 수 있는 여건이 안 된다는 이유로 공부와는 담을 쌓고 포기하고 살았다. 그런데 오히려 학창시절보다 더 안 좋은 환경 속에서 공부를 하고 싶다는 결

심을 하고 나니, 오히려 교도소라는 환경은 내가 공부하기에 적합한 장소라는 생각이 들었다. 아무리 좋은 환경 속에 있어도 마음속에 공부에 대한 욕심이 없다면 그곳은 불필요한 공간이 될 뿐이다. 반면에 비록 가시방석을 깔고 앉아 있을지라도 공부를 하고 싶은 욕구만 있다면, 그 가시방석은 졸음이 오는 나를 위해서 졸음을 물리칠 수 있는 귀한 선물이 될 수도 있다.

　방에 같이 생활하고 있는 대학교 독학사 준비생에게 어려운 문제를 물어 보면서, 모르는 것을 배우는 재미에 푹 빠져서 시간 가는 줄 모르고 바쁘게 살았다. 그렇게 정신없이 공부만 하다 보니 어느새 저 멀리 보이는 앞산에는 울긋불긋한 진달래꽃이 활짝 피었다. 한동안 폭설로 온통 흰 눈이 가득 쌓인 설산이었는데, 그 눈이 녹고 진달래꽃이 다시 피면서 일 년이라는 시간이 훌쩍 지나가버렸다.

　얼마나 많은 책을 보고 또 보고 책과 씨름을 했는지 책이 모두 너덜너덜해졌고, 펼쳐보면 형형색색의 형광펜 자국들이 무지개보다도 더 휘황찬란하게 빛나고 있다.

　일 년에 두 번, 4월 5일 식목일과 8월 첫 주 일요일이 교도소 수형자들이 검정고시를 보는 날이다. 나는 고득점을 위해서는 아홉 과목을 한 번에 다 보는 것보다는, 반반씩 나누어서 시험을 치게 되면 훨씬 도움이 될 수 있다는 생각을 했다. 공부는 계속 열과 성을 다해서 열심히 하고 있기 때문에, 합격은 따 놓은 당상이고 고득점 획득을 위한 두 번의 시험응시를 결정했다.

　4월 5일 첫 시험을 치르고 만족할 만한 성과를 이루어 냈다. 아쉬게도 네 과목 시험에서 두 문제가 틀렸지만 8월 시험에 바짝 준비하면 목표로 했던 것을 이룰 수 있겠다는 생각이 들었다. 선택문제에서는 제일 자신 있는 체육 과목을 선택했고, 모든 것이 순탄하게 계획대로 잘 진행되고 있었다. 하나씩 하나씩 지난날의 잘못된 퍼즐들을 뒤늦게 바로 맞추고 있다는 자신감과 자부심에 가슴이 뛰었다. 그 퍼즐 안의 아름다운 그림들이 내 눈앞에 그려지기 시작하면서 보람과 성취감을 배로 느낄 수가 있었다.

남들은 벌써 끝낸 공부를 나는 비록 뒤늦게 하고 있지만, 그동안의 가슴속에 응어리진 못 다한 공부에 대한 미련과 아쉬움들이 시원하게 해갈되고 있다. 부족한 학벌에 대한 부끄러움이 하나씩 사라지고 깨닫는 것의 기쁨을 맛보게 되면서, 깊은 밤까지 책을 잡고 있는 내 자신이 기특하게 느껴졌다.

무엇이든지 다 할 수 있다는 자신감이 생기고 최상의 컨디션 상태가 되었을 때 난 두 번째 시험을 보았다. 난 이미 수석의 영광을 차지할 수 있다는 확신이 들었다. 담당 계장님도 시험을 치고 나오는 내 얼굴을 보면서, 수고했다고 어깨를 두드려 주면서 그동안의 노고를 치하했다. 그동안의 피와 땀이 그리고 몇 번이나 머리에 원형 탈모가 생겼던 기억들이, 파노라마처럼 눈앞을 지나가면서 긴장의 맥이 풀려서 며칠 동안 몸살을 심하게 앓았다.

검정고시 최종 성적 발표가 있던 날, 내가 그리도 확신했던 나의 수석은 물 건너 가버렸다. 제일 자신이 있어서 책도 보지 않았던 체육 과목에서 생각지도 못하게 75점이 나왔기 때문이다. 나머지 모든 과목에서는 한 문제 이상 틀린 것이 없는데, 자신만만했던 체육 과목에서 다섯 문제나 틀려버렸으니 난 정말 어이가 없었다. 나 스스로도 도저히 납득이 되지 않았고 그동안의 그 고생들이 너무나 나를 힘들고 괴롭게 했다. 실망하여 낙담하고 있는 나에게 담당 계장님은 커피를 타주며 위로를 해주었지만, 내심 나에게 기대를 하고 있었던 것을 알고 있기에 난 죄송한 마음이 들었다.

체육을 잘 안다고 자만했던 나의 큰 불찰로 인해서 비록 수석은 차지하지 못했지만, 겸손하지 못했던 내 자신을 다시 한 번 돌아보는 계기가 되었다. 그리고 검정고시반 담당 계장님의 권유로 대학교 독학사 과정의 국어국문학에 도전하게 되었다.

누나에게 이렇다 저렇다 설명은 하지 않고 검정고시 합격증서와 성적표를 동봉해서 보냈다. 좋은 성적으로 멋진 모습을 가족들에게 보여주고 싶었는데, 그 기대에 부응시키지 못한 안타까운 마음도 서신에 함께 담아 보냈다. 그런데 이게 웬걸, 며칠 후 누나가 어머니를 모시고 면회를 와서는, 너무 고생했고 수고했다고 성적표와 합격증을 받고 식구들 모두 대한민국 만세, 대한민국 만세, 대한민국 만세, 하고 만세 삼창을 했다고 한다. 아쉽지만 크게 기뻐해주고 잘했다고 대견해 하시는 가족들을 보면서, 그동안 스스로에게 실망하여 의기소침해 있던 마음들은 모두 사라졌다. 그리고 앞으로도 '더 열심히 공부해야겠다.'는 다짐을 하게 되었다. 그 계기로 한층 더 성숙해진 나 자신을 느낄 수가 있었다. 수석 합격은 아쉽게도 놓치고 말았지만 가족들이 매우 기뻐하는 모습을 보면서, 나는 수석 합격 그 이상의 성취감과 자부심을 맛보았다.

며칠 후 누나의 서신에는 '우리 형제들 모두가 검정고시로 다 합격을 했는데 그중에 네가 수석이다.'라고 하면서 단순히 합격뿐만이 아닌 그 이상의 성적에 감동을 받았다는 따뜻한 응원의 메시지가 적혀있었다.

내가 생각해도 그 당시 공부에 대한 나의 열정만큼은 정말 수석감이었다고 자신할 수 있다. 하지만 그것은 나를 위해 응원을 아끼지 않았던 무한한 가족들의 사랑의 힘이 있었기에 가능했다.

36 청양 고추

　청양 고추 모종 여섯 개를 얻었는데 목공훈련생 반장님이 심고 남은 것들이었다. 이파리가 약간 노란 고추 모종을 바라보며 잘 키우면 내가 좋아하는 고추를, 여름 내내 따먹을 수 있겠다는 생각을 하니 벌써부터 기분이 몹시 설레었다. 더운 여름에 밥맛이 없을 때는 시원한 찬물에 밥을 말아서, 풋고추를 된장에 찍어 먹으면 다른 반찬이 필요 없다.
　운동장 옆에 있는 작은 텃밭에 상추와 쑥갓을 심고 청양 고추 모종까지 심어놨으니, 이번 여름에는 특별한 반찬이 없어도 신선한 야채들을 먹을 수 있다는 생각에 마음까지 든든하다.

　교도소 안의 땅은 농약이라고는 한 번도 구경도 해보지 못한 기름진 땅이다. 어떤 농작물을 심어도 쑥쑥 잘 자란다. 상층에 있던 4공장에서는 텃밭을 가꾼다는 것은 정말 상상도 할 수 없는 일이다. 하지만 고시반이 있는 사동 뒤쪽의 운동장은 좁고 외진 곳이라 운동하기에는 조금 불편한 점도 있지만, 이렇게 채소를 기를 수 있다는 소박한 행복이 있어서 즐겁다.

운동 시간이 되면 세면장에서 양동이에 물을 가득 담아다가, 채소밭에 있는 야채들의 뿌리까지 흠뻑 젖도록 바가지로 한 가득씩 퍼서 물을 주었다. 나는 시골에 살면서 집 앞 텃밭에서 채소를 심어서 먹었기 때문에, 물을 주는 것은 아는데 농사짓는 것에 대해서는 잘 알지 못한다. 하지만 물만 줘도 쑥쑥 잘 자라는 상추와 쑥갓들이 얼마나 빠르게 자라는지, 먹는 입도 즐겁지만 매일매일 뜯어 먹어도 무한 생산되는 채소 공장을 차린 기분이다. 더군다나 이제는 하얀색의 앙증스러운 작은 고추 꽃이 지고 조그맣게 매달리는 고추까지 따먹을 수 있다는 기대가 생기면서 텃밭을 가꾸는 일에 작은 보람도 느끼게 되었다. 농부들이 이런 기분 때문에 힘이 든 줄도 모르고 농사를 짓는구나 싶어서 그 마음이 이해가 되었다.

아무런 생각 없이 시작한 텃밭 가꾸는 일이 나의 무료한 일상에 작은 행복을 가져다주며 내 심신을 안정시켰다. 내가 키운 채소들을 다른 동료 수형자들도 맛있게 먹으니 일석이조의 풍성한 행복까지 느낀다. 양지바른 곳이라 오후 내내 햇볕에 시들시들하던 채소들이 새벽이면 이슬을 머금고 다시 싱싱하게 기운들을 차리고, 주말 동안 잠시 헤어져 있다가 월요일 아침 설레는 마음으로 찾아가면 여지없는 풍성함으로 나를 반겨주었다. 상추와 쑥갓이 먹어도 무한 생산되는 채소 공장이라면, 청양 고추 모종 여섯 대는 태양이 내게 준 최고의 선물이었다.

나는 워낙에 풋고추를 좋아하고 매운 것을 잘 먹어서 고기를 먹을 때는 항상 청양 고추를 곁들여 먹는다. 모종이 여섯 대라서 나 혼자 먹기에도 부족할 거라 생각했다. 그런데 그것은 나의 기우였을 뿐이다.

고추 모종 여섯 대의 생산 공장에서는 밤낮없이 싱싱한 고추들을 생산해 내었고, 운동 시간마다 한 바가지씩 매일 따먹어도 끝이 없이 주렁주렁 열렸다.

교도소의 반찬이나 국들은 자극적이지 않도록 최대한 싱겁고 맵지 않게 조리되어 나온다. 그런 음식들에 길들여진 위장에 갑자기 매운 청양 고추가 들어가니, 입은 즐거웠지만 먹고 나면 속이 쓰라렸다. 대변을 볼 때도 항문이 견딜 수 없을 만큼 뜨겁고 따가워서 마치 항문에 불이라도 난 것 같았다. 입이 매우면 물을 마시거나 밥을 먹거나 식빵을 먹으면 좀 가라앉았지만, 항문이 쓰라리고 따끔따끔한 것은 정말 약도 없었다. 설사를 하고 나면 항문이 얼마나 따가운지 얼얼하고 화끈화끈했다. 남들은 많이 먹어봤자 세 개인데 나는 보통 다섯 개 이상을 먹었으니 탈이 날 만도 했다. 이마에 땀을 흘리면서 고추를 먹다가 화장실을 다녀오면 항상 내일은 안 먹겠다고 다짐을 한다. 하지만 싱싱한 고추들을 따놓고 나서 '하나만 먹어야지.'하며 고추를 입에 대는 순간, 그간의 고통은 모두 하얗게 망각해 버리고 먹고 싶은 만큼 먹는다.

그러던 어느 날 아침 깜짝 놀랄 일이 생겼다. 새벽부터 속이 쓰리고 배가 아프면서 항문이 찢어질 듯이 쓰라리더니 결국 피똥을 쌌다. 위가 단단히 탈이 난 것 같았다. 여기저기 급조해서 겔포스를 몇 봉

먹고 한동안 청양 고추를 먹고 싶어도 먹을 수가 없었다.

고시반에서 제일 큰형인, 구미에서 생활하던 조경 형님도 청양 고추를 굉장히 좋아하기 때문에 싱싱한 것을 보내곤 했는데 이제는 내가 먹을 수가 없다 보니 모두 형님 방으로 보내게 되었다.

하루는 형님이 운동 시간에 갑자기 "상덕아, 요즘 청양 고추를 많이 먹으니 똥구멍이 맵다." 했다. 난 정말 깜짝 놀라서 형님 손을 잡고 진지하게 이야기를 했다. "형님 그럼 이제 그만 드셔야 됩니다. 큰일 납니다. 조금 있으면 피똥까지 쌉니다." 형님께 청양 고추를 끊으라고 말했지만 아삭하고 매운맛의 중독을 끊지 못하고 결국은 나처럼 피똥까지 쌌다.

피똥을 싸고 나서야 끊을 수 있었던 청양 고추는 한동안 따지 않아서 밭에 주렁주렁 매달려 있다가, 가을이 되면서 빨간 꽃처럼 예쁘게 익어 버렸다. 나는 고추를 따서 햇볕에 바짝 말렸지만, 교도소라서 아무것도 할 수 없었기 때문에 주렁주렁 실에 묶어서 방에 걸어두었다. 그것을 겨울 내내 바라보는 것으로 만족하면서도 청양 고추를 완전히 끊지는 못했다.

37
악대반

주권이 형이 일하는 곳은 악대반이다. 잠은 큰형님과 함께 자지만 낮에는 악대반에서 악기를 다루며 하루 종일 음악을 연습한다. 교도소에서의 악대반은 사회에서 음악을 했던 사람들을 뽑아서 기독교, 불교, 천주교 등의 종교 집회의 각종 행사에서 음악을 연주해준다. 하루 종일 악기들을 연주하는 형의 모습을 볼 때면, 나는 가끔씩 악기를 다룰 줄 아는 그가 부럽기도 했다.

형은 악대반의 반장으로서 각종 종교집회 때마다 반주를 맡아 해주고 있기 때문에, 행사가 끝나면 음식을 나눠먹고 악대반도 답례의 의미로 음식을 받는다. 그럼 매일같이 떡 하나라도 동생인 나를 챙겨주려고 애를 썼다.

낮에 악대반이 모여서 음악 연습을 하는 곳은 대강당이다. 종교 집회가 있으면 그곳에서 반주를 하고 집회가 없으면 문을 닫아놓고 음악 연습을 한다. 그런데 검정고시반이 가끔씩 사회에서 초청된 선생님들의 수업을 듣는 교실이 바로 대강당 옆이기 때문에 시끄러울 때도 있었다. 그럴 때는 내가 건너가서 주권이 형에게 수업 중이라고 말하면 볼륨 소리를 낮춰주었다.

하루는 초청한 선생님이 안 와서 그냥 교실에서 자율 학습을 하고 있었다. 그때 대강당에서 악대반의 음악연주가 흘러나오고 있었다. 공부하는 동료들을 쳐다보니 모두들 눈의 시선은 책에 가 있지만, 발은 음악에 맞춰서 리듬에 따라 땅을 톡톡 두드리고 있었다. 나도 공부에 집중이 되지 않아서 화장실을 가려고 나왔는데, 마침 화장실 입구에서 주권이 형을 만났다. 형은 반갑게 웃으며 '상덕아, 노래나 한 곡하고 가라.' 하며 나를 끌었다. 나는 형을 따라 강당으로 들어가서 정말로 오랜만에 등에 땀이 날 정도로 신나게 노래를 불렀다. 드럼 연주자가 밤업소에서 연주를 하던 사람이라서 가요를 신나게 부를 수 있었고, 마치 밴드공연을 하듯이 나는 열과 성을 다해 노래를 불렀다.

나는 노래 부르는 것을 굉장히 좋아한다. 그런데 이곳에서는 노래를 부를 형편이 되지 않아 꿈도 못 꾸던 차에, 오랜만에 부른 노래에 모든 스트레스가 다 풀려버린 기분이었다. 이곳이 교도소라는 생각을 잠시 잊고, 눈 감고 노래하는 그 순간만큼은 최고의 기분을 만끽할 수가 있었다.

아무도 없는 넓은 대강당에서 반주소리와 내 목소리가 한데 어우러져서 울려 퍼졌다. 형님 덕분에 생각지도 못한 가슴속에 산처럼 쌓여 있던 스트레스들이, 한순간 뻥하고 뚫리는 기분이었다. 그런 일이 한

번 있은 후로는 여건만 되면 자주 들러서 노래를 목청껏 부르곤 했다.

큰형님을 존경하는 마음이 한결같았던 주권이 형과 나는, 서로에게 도움을 주고받으며 친형제처럼 지냈다. 굳이 서로 깊은 말은 하지 않아도 서로의 마음을 이해하는 돈독한 사이가 되었다. 한 번씩 음악 방송이나 집회를 가면 주권이 형도 생각이 나지만, 땀을 엄청 흘리며 찬송가를 밤무대 스타일로 연주하였던 그 드러머가 생각이 난다. 내가 이제까지 본 드러머 중 단연 그분이 가장 으뜸이었다.

38
자치사동&국선도

내가 있는 고시반은 일반 사동과는 다르게, 교도소의 모범수인 일급수나 반장들이 생활하는 사동으로 일명 '자치사동'이다. 자치사동이란 모범수로 지정된 수형자들이 생활하는 곳으로 직원들 없이 자체적으로 동료들끼리 협동하여, 밤에도 두 시간씩 야간 근무를 하는 등 사회적응 연습을 할 수 있도록 지정된 곳이다. 고시반에서 방 다섯 칸을 쓰고 나머지는 모두 공주교도소의 일급수들과 공장의 반장들이 사용하고 있다.

사동의 앞과 뒤에는 큰 문으로 잠금장치가 되어 있고 복도 중간에 카메라가 설치되어 있다. 갑작스런 사고에 대비해서 관구실에서는 직원이 항상 지켜보고 있다. 나도 열흘에 한 번 정도 두 시간씩 야간 근무를 섰다. 방에서 자고 있는 다른 동료 방을 지켜볼 때면 괜히 남의 방을 쳐다보는 것이 미안하기도 했다.

자치사동에 일급수가 되어서 올라올 정도면 이곳에서 생활을 잘한 사람들이거나 장기수들이다. 이곳에서 생활을 착실하게 했기 때문에 모범수가 되었거나, 오랫동안 살았기 때문에 일급수가 되었지만, 아직도 많은 날들을 이곳에서 살아야 한다. 이들은 겉으로 보기에 무척이나 해맑아 보여서, 마치 내일 당장이라도 나갈 사람들처럼 느껴지기도 한다. 하지만 아직 만기날짜도 없는 무기수들이 오랫동안 이곳에 살다 보니, 자기도 모르게 이곳 환경에 완전이 적응이 잘 된 것뿐이다.

다른 생각들은 할 겨를도 없이 내 몸이 있는 이곳이, 그냥 내 집처럼 적응이 되어 버려서 그렇게 현실에 순응하며 살아가고 있다. 아마도 어중간한 형을 선고받고 징역을 살고 있는 사람들은 어쩌면 전혀 이해가 불가능할지도 모르는 현실이다.

복도 양 끝에 있는 근무보고서에 사인을 하며 두 시간가량의 근무를 하던 어느 날이었다.

큰형님 방을 지나치다가 밤늦은 시간에 양반다리를 하고 벽을 향해서 곧은 자세로 명상하는 모습을 목격하게 되었다. 명상은 집중력이 커지기 때문에 공부를 할 때나 생각을 정리할 때 많은 도움이 되어, 나도 가끔씩 정신적으로 힘들 때 명상을 하곤 했다. 그런데 큰형님이 하는 명상은 이제껏 내가 했던 명상과는 조금 달라보였다. 나는 다음 날 주권이 형을 보자마자 나의 궁금증에 대해 물었더니 큰형님이 하는 명상은 '국선도'라고 했다.

'국선도'란 기를 운용하여 몸의 기를 최대한 모은 후에, 그 기를 내 몸이 필요로 하는 곳곳으로 보내는 신체단련법이다. 무협지 내용에

나오는 사 갑자나 팔 갑자 등의 내공을 말하는 것과 비슷하다고 할 수 있다.

태권도, 유도, 검도, 합기도 등은 뒤에 '도' 자가 붙는데 이런 운동들은 항상 운동 전에 예, 도, 명상을 가르친다. 공격하기 위한 타격을 주로 가르치기보다는 방어 방법과 자신을 단련하는 데 목표를 두고, 운동을 했다고 과시하거나 상대를 힘으로 누르는 일이 없도록 가르친다. 그렇기 때문에 국선도라는 운동도 좋게 느껴졌다.

큰형님께서 밤늦게까지 국선도를 하는 모습을 본 후로는, 나도 배우고 싶다는 생각이 들었다. 수형자 특별활동 시간에 몇몇 장기수들이 사회에서 초빙된 국선도 사범님께 직접 배우고 있다고 해서, 나도 그곳에 합류하여 국선도를 배웠다.

인간이 살고 있다는 증거와 생명의 가장 기본이 되는 것이 바로 '숨'이다. 숨을 쉬고 있다는 것은 살아 있다는 것이다. 살아 있다는 것에 가장 기본이 되는 숨에 따라서 사람이 건강해질 수도 있고 몸이 많이 약해질 수도 있다. 국선도는 이런 원리를 이용한 몸과 정신의 기를 단련시키는 운동이다. 한 시간가량 스트레칭을 하면서 몸을 완전히 풀어 근육의 긴장을 이완시킨다. 그런 다음 깊은 숨을 들이마시고 다시 최대한 모든 숨을 깊게 뱉어 버린다. 이것을 반복하면서 숨을 최대한 집중해서 천천히 들이쉬고, 천천히 내쉬는 것에 온 정신과 육체를 하나로 집중해서 계속 반복한다.

내 몸에 흐르고 있는 피를 몸의 끝까지 최대한 힘차고 강하게 보내면 육체 바깥에선 기가 흐르는데, 그 기의 흐름을 몸으로 느끼고 운용하면서 정신세계까지 강하게 자신을 단련시키는 운동이다.

폐에 산소가 들어와 펌프질을 하면 심장이 움직이고, 몸에 돌고 있는 피를 뜨겁게 데워서 온몸의 곳곳에 보내게 된다. 피를 온몸으로 다시 회전시키는 일의 가장 근본이 되는 것은 호흡이다. 호흡을 통해 폐 속에 남아있는 숨이 하나도 없을 때까지 뱉어 버리게 되면, 자연스럽게 폐와 심장의 활동이 크게 팽창되고 온몸에 피가 힘차게 돌게 된다. 피가 뜨겁게 끓어오르면서 혈관을 힘차게 지나게 되고, 혈관 속에 남아있던 죽은피들은 다시 폐와 심장으로 돌아온다. 그러면 막혀있던 혈이 뚫리면서 눈이 가장 먼저 밝아지고 몸이 굉장히 가볍게 되고, 집중력까지도 향상이 되면서 몸의 컨디션이 전반적으로 좋아진다.

사람 몸에 상처가 생기면 약을 바르지 않아도 신체가 스스로 그 상처를 치료하고자, 뇌에서 상처를 인식하는 것과 동시에 그 상처를 치료할 수 있는, 인체의 자연치유 성분들이 계속해서 상처가 있는 곳으로 보내진다. 그리고 며칠 후면 자연스럽게 상처가 아무는데 이것을 '자연치유 능력'이라고 한다. 감기나 두통 등의 상처가 아닌 몸의 기가 약해지면서 생기는 병에 보내는 것은 '면역력 강화성분'이라고도 한다.

국선도를 하게 되면 육체는 물론 정신까지도 집중할 수가 있고, 자연치유 능력과 면역력까지도 함께 상승되면서, 무리하지 않으면서도 나 자신의 건강을 유지할 수 있다. 특히나 한정된 조그만 공간에서 시간에 관계없이 언제라도 할 수 있다는 장점 또한 너무 좋다.

수시로 시간이 날 때마다 호흡을 단련시켰더니 몇 개월이 지난 후에는 달리기를 할 때 몸속에 터보 엔진을 하나 더 단 것처럼 폐활량이 상승되었고 예전보다 몸이 한결 가벼워진 것을 느낄 수가 있었다.

　나는 그때부터 지금까지 쭉 국선도 기 운동을 해오면서 힘들고 괴로워서, 분노가 폭발할 정도의 화가 차오를 때도 천천히 숨 고르기를 하면서 자신을 진정시키고 제어할 수 있는 원동력이 생겼다.
　좁은 공간 속에 있는 내 자신을 탓하는 것보다는 이런 환경에서도 내 몸을 위하여, 내가 할 수 있는 것을 찾다 보니 나도 모르는 곳에서 정말 소중하고 큰 것을 얻게 되었다.
　지금도 가끔씩 이곳에 갇혀있어서 답답하고 괴로운 마음이 들 때면, 조용히 벽을 보고 앉아서 천천히 숨을 크게 들이쉬고 다시 최대한 숨을 내뱉는 과정을 통해서 내 자신을 차분하게 진정시키곤 한다.
　국선도를 통해서 내 몸에 흐르고 있는 피의 흐름과 바깥으로 움직이는 자신의 기가 함께 흐르는 것을 느끼면서 내 자신의 심신을 안정시킬 수 있다. 그러면서 자기 자신에게 끊임없는 Q&A를 하다 보면 어렵지 않게 원하는 답을 스스로 찾을 수가 있다. 그럼 아무리 힘들고 어려운 처지에 놓여있다고 해도 극복할 수 있는 자신감도 생기고, 앞으로 자신이 어찌 살아가야 할지 진정한 자신의 길을 찾을 수도 있다.
　누구나 한 번뿐인 소중한 삶을 건강하고 행복하게 살기 위해서는 항상 끊임없이 자기 체력단련에 힘써야 한다.

39
의료법 위반

"형 강간당했을 때 성기가 컸으면 신고했겠나.", "글쎄.", "아마 컸으면 신고 안 했을 끼다." 책을 읽고 있는데 옆에서 소곤거리며 하는 대화가 가관이다.

강간으로 들어온 약간 부족한 애가 있는데 그 애를 상대로 동생뻘 되는 녀석이 놀리듯 하는 말이다. 성기가 컸으면 여자가 만족을 했기 때문에 강간을 당했다 해도 신고를 안 했을 거라는 논리가 어디서 나온 것인지, 피해자가 경찰에 신고한 이유에 대해서 말도 안 되는 이야기를 하고 있는 모습을 보자니 말문이 막혔다.

그 일이 있고 나서 며칠 후에 생각지도 못한 일이 생겼다. 운동 시간에 그 대화를 나누던 두 녀석들이 운동을 안 나가고 방에 있었다. 뭔가 분위기도 이상하고 아까부터 계속 화장실만 들락날락하고 있다. 나는 이상한 생각이 들어서 화장실에서 나오는 준창이를 불러 세웠다.

"옷 벗어 봐라." 갑자기 엊그제 들은 말이 생각이 나서 거시기를 확인해보니, 아니나 다를까 성기에 피가 나서 임시로 화장지로 막아 놓았다. 심줄을 잘못 건드린 것인지 쉽게 지혈이 안 되고 있었다. 나는 화장지를 다 제거하고 상처를 확인해 보았다.

일반적으로 남자들은 성기가 크고 작음에 따라서 서로 자존심도 내세우고 은근히 과시를 하는 성향이 있는데, 성기가 생각보다 작다고 생각하는 사람은 콤플렉스를 갖기도 한다. 병원에 가면 쉽게 성기 확대 수술을 받을 수 있지만 여기서는 병원에 갈 수가 없기 때문에, 이곳에서 민간에 전해지는 방법으로 성기확대를 한 것이었다.

사회에서 일명 '고래잡이'라는 포경수술을 할 때 어릴 때 하지 않고 나이가 어느 정도 들어서 하게 되면, 성기의 표피를 자르지 않고 둘둘 말아서 크기가 커지게 수술을 할 수가 있다.

이곳에서는 투명칫솔을 갈아서 많은 사람들이 성기를 확대하였는데 일명 '다-마'라고 한다. 애인이 있거나 부인이 있는 사람은 거의 할 정도로 '다-마'는 한때 남자들 사이에서 최고의 유행이었다.

나는 그동안 이런 것을 많이 보았기 때문에 그쪽으로는 많이 아는 편인데, 준창이와 정기가 한 것은 나도 말로만 들었지 실제로 본 것은 이번이 처음이었다. 이 방법은 실리콘을 대체한 연고를 이용한 방법이었다. 볼펜을 갈아서 비스듬히 날을 세운 다음에 연고 입구에 꽂는다. 그 옆을 실로 감아서 연고 액이 흘러나오는 것을 방지하기 위해 실을 당기고, 그 사이를 찔러서 연고를 꾹 짜면 연고가 볼펜심을 타고 살 속으로 주입이 되었다.

모두 운동 나갔을 때 둘이 방안에서 다른 사람들 모르게 눈치를 보면서 숨어서 하다 보니, 제대로 하지도 못하고 고추에 상처만 잔뜩 나서 지혈이 안 되고 있었다. 혹시나 하고 교도관이 오다가다 볼까 봐 망을 보라고 하고 다시 시작하는데, 긴장을 해서 그런지 손을 벌벌 떨면서 자꾸 엉뚱한 곳을 찌른다.

남자한테 가장 민감한 곳이 성기이다. 그렇게 예민하고 민감한 그곳을 송곳처럼 날카롭게 갈은 볼펜심으로 무지막지하게 찌르고 있으니 당하는 사람은 팔짝팔짝 뛸 수밖에 없다. 그런데도 입에 수건을 틀어막고 온몸에 식은땀을 비 오듯 흘리면서도 참아 내고 있다. 하지만 워낙에 민감한 곳이라 성기에 마치 눈이라도 달린 것처럼 볼펜심만 가까이 대면 자라목처럼 쏙 들어가 버리는 것이 문제였다.

옆에서 쳐다보던 나도 목이 타고 손에 땀이 날 정도로 긴장이 되었다. 그런데 손이 미끄러워서 볼펜심으로 자꾸 엉뚱한 곳만 찌르니, 표피에만 상처가 나게 되고 연고 삽입은 전혀 되지가 않고 있다. '이왕지사 이렇게 된 마당에 어쩌랴.' 싶은 마음에 누구 눈치를 볼 상황이 아니었다. 쳐다보던 내가 답답한 것을 그만 참지 못하고 이왕 하는 거 제대로 해야겠다는 생각이 들어 한쪽을 잡아 주었다. 이런 것은 인정사정을 봐주다 보면 미끄러지기 때문에 시간을 끌면 고통만 두 배가 될 것 같았다. 그래서 내가 확실히 꽉 잡아 쥐고 꾹 찔러서 연고를 짜서 넣었다.

살 속으로 푹푹 소리를 내면서 연고가 들어가는 것이 보였고, 성기 옆으로 빙 돌려서 툭 튀어나오게끔 손으로 자리를 잡아 주니 자리가 보기 좋게 잡혔다. 정기도 직접 해보는 것은 처음이라고 했는데 막상 해놓고 보니 처음 치고는 대단한 성공이었다. 준창이도 너무 맘에 들어 했고 지켜보던 동료들도 모두 긴장하고 있었는데, 다행히 연고가 쉽게 들어가서 자리를 잡았다. 무엇보다도 조그맣던 성기 아랫부분이 볼록하게 튀어나온 모습을 보고 "와." 하며 감탄사를 연발했다.

내가 봐도 신기할 정도로 수술이 대성공이었다. 그 수술이 그렇게 정말 대성공이 안 되었다면 거기서 끝이 날 일이었는데, 대성공을 하다 보니 의외로 일이 크게 벌어지게 되었다. 서로 자기도 하고 싶다고 후시딘 연고를 구매했다. 한 사람당 세 개로 한정되어 있는 후시딘 연고를 우리 방에서만 스물한 개나 구매했다.

굉장히 아프고 어려울 것이라 생각했던 성기확대 수술이 간단하게 끝나게 되면서 그것을 못한 사람은 부러워했고, 그것을 이미 한 사람은 은근히 자랑을 하기도 하며 서로 보이지 않는 자존심 경쟁을 하게 되었다. 한 명 성공을 하니 해준 사람도 한 사람도 서로 만족을 해서, 사방에서 너도나도 하겠다고 예약이 들어왔고 서로 순서까지 정하게 되었다.

며칠 후에 우리가 구매 신청을 한 연고가 들어왔고 방 사람들 모두 성기에, 화장지를 둘둘 말아놓고는 흐뭇하게 서로 자기 것이 가장 잘 되었다고 생각하며 만족스러워했다.

우리 방에는 열두 명의 동료가 함께 기거했는데, 그중에 일곱 명이 이미 성기에 손을 댄 상태였고 모두들 그 결과에 매우 만족해했다. 그런데 느닷없이 방에서 최고령자인 박 사장이 "이 사장 나도 하고 싶은

데 해주이소." 하였다. 나는 그 소리를 듣고 깜짝 놀랐다. 박 사장은 당뇨가 심해서 아침마다 관구실로 인슐린 주사를 맞으러 간다. 만약에 연고를 삽입하고 나서 상처에 염증이라도 생기면 큰일인데, 자기도 그걸 뻔히 아는 사람이 그런 말을 하니 나는 말도 안 되는 소린 것 같아서 한마디 했다.

"아따 애들이나 하도록 고만 하이소. 지금 죽어도 호상인 사람이 뭐 할라고 그런 걸 합니까. 하지 마이소."

듣는 사람 입장에서는 기분이 상할 수도 있었겠지만 그 말을 끝으로 별다른 말은 하지 않았었다.

토요일 점심을 맛있게 먹고 모두들 쉬고 있는데 느닷없이 교도관 여덟 명이 문 앞에 와서 문을 열고는 "움직이지 마세요."라고 하며 캠코더 카메라를 들고는 촬영을 하고 있고 CRPT 직원들 몇 명도 대기를 하고 있었다. "동작 그만 하고 한 명씩 나오세요."라고 해서 누워 있거나 책을 보던 사람들도 모두 하던 일을 멈추고 한 명씩 밖으로 나왔다. 그런데 고개를 숙이고 딴 곳을 쳐다보면서 내 눈을 회피하는 박 사장을 보니 순간 아차 싶은 생각이 들었다.

접견을 가면서 사동 복도에 설치된 신고함이나 접견장에 설치된 신고함에, 아마도 박 사장이 신고를 했을 것이란 생각이 들었다. 이렇게 된 이상 이제 줄줄이 신체검사를 받게 될 것이고 모두 징벌 처리가 될 것이다.

옛날 같으면 담당 교도관의 얼차려로 끝날 수 있는 일이었지만, 지금은 어림도 없는 일이기 때문에 무조건 상부에 보고가 된다. 이번 일은 조그만 일도 아니고 재소자 준수사항 중 형의 집행 및 수용자 처우에 관한 법률시행 규칙 제214조(규율위반) 제7항, 문신을 하거나 이물질을 신체에 삽입하는 등의 의료 외의 목적으로 신체를 변형시키는 행위를 위반한 것이다. 폭행건도 아니고 이 일로 조사과를 받게 되면, 아는 직원들이나 선후배들 보기가 난감한 처지가 될 것은 불을 보듯 뻔하다.

어떤 변명의 여지도 없었다. 일을 더 이상 확대시키지 않고 최대한 축소하는 것만이, 내가 유일하게 할 수 있는 일이라고 생각을 했다. 모두 관구실로 가면서 한 명씩 서로 눈짓 손짓을 통해서 "일단 최대한 부인해라."라고 했고, 모두 부인을 하면서 사회에서 군대에서 한 것이라고 말을 했다. 그런데 계장님 말이 주말에 다 준비하고 방을 찾아가서 몸 수색, 방 수색까지 할 정도면 다 알고 간 거라고, 익명의 신고자가 있었고 방에서 증거물도 찾았다며 조용하게 끝내자고 했다. 그래서 우린 더 이상 어떤 핑계를 대고 우길 수가 없었다. 할 수 없이 나는 다른 사람들은 모두 훈방처리 하고 나 한 사람만 징벌처리 해달라고 부탁을 했다. 그래서 모두 훈방 처리되었고 나 혼자 징벌 이십 일 처리되는 걸로 끝낼 수 있었다. 어차피 일은 터진 것이고 누구 하나는 책임을 져야 될 일이었다.

실질적으로 시술을 해준 사람은 정기와 준창이지만, 나를 위주로 신고가 되었기 때문에 내가 뭐라고 변명을 할 수 있는 처지가 못 되었다. 동료들에게 이왕지사 일이 이렇게 되었으니, 동료들은 끝까지 모른다고 우기고 모두 내가 주도했다고 주장하라고 했다. 어차피 한 명이 책임지면 더 이상 확산은 안 될 것이기 때문에 모두들 그렇게 협조를 했다. 나는 계속 부인만 하던 조사를 다 시인하였고, 조사관들은 최대한 선처를 해주는 조건으로 마무리가 되었다.

　홀로 징벌방으로 들어가서 혼자 오랜만에 벽을 보고 명상을 하면서, 내 자신을 돌아보는 깊이 있는 시간을 보냈다. 외롭다는 생각도 들었고 온통 시멘트로 이루어진 햇볕도 온기도 없는 차가운 공간이었다. 한순간에 혼자가 되는 상황이 힘도 들었지만 난 그들을 탓하지 않았고 고독을 벗 삼아 책을 보았다.
　조사기간 동안 면회를 오신 장인어른께 뭐라고 할 말이 없었다. "규율위반을 해서 한동안 면회가 안 될 겁니다."라고 했더니 당연한 듯 성질 좀 죽이지 그랬냐고 하였다. 내가 싸움이라도 했다는 생각을 한 모양이다. 장인어른 앞에서 이런 말도 안 되는 일을 설명하기도 어려웠지만 그건 누나한테도 마찬가지였다. 당분간 면회도 안 될 것이고 징벌을 받게 될 것이라고 하니 누나도 장인과 똑같이 생각을 한다. 일부러 내가 이렇고 저렇고 설명할 필요도 없었고 어차피 말도 못 하는 입장이라 그냥 가만히 있었다. 그렇게 이십 일을 독방에서 보내고 다시 혼거 방으로 나왔다.
　이십 일 동안 많은 생각을 했다. 혼자 있으면서 내 자신이 살아왔던 지난날들을 하나하나 뒤돌아 볼 수 있는 소중한 시간을 보냈다. 이곳에 들어오면 많은 생각을 할 수 있을 것 같지만, 주위에 동료들이 많아서 그들과 같이 있을 때는 오히려 나 자신에 대해서 생각할 시간이 별로 없다.
　징벌을 끝냈으니 마음이 홀가분했다. 혼자서 끝까지 징벌 처리되면서 다른 동료들의 선처를 호소했기 때문에, 서로 다른 방으로 전방된 다른 동료들이 고맙다고 수고했다는 인사를 건네 왔다. 하지만 그것이 끝이 아니었다.

예전 같으면 최대의 처벌이 징벌이었을 텐데, 혹시나 이런 일이 다시 생길까 봐 조사과 직원이 검찰로 사건을 송치시켜 버렸다. 의료법 위반이라고 검사로부터 벌금이 오백만 원이 선고가 되었다. 이렇게 일이 커질 줄 알았다면 내가 그렇게 혼자 다 했다고 하지도 않았을 것이다. 장인어른에게나 누나한테 뭐라고 이야기를 해야 할지 정말 난감하기만 했다.

조사과 직원도 어이가 없어 했다. 일백만 원 정도 벌금이 나올 거라고 생각했는데, 자기가 봐도 엄청 많다고 미안해했다. 이미 징벌 이십 일을 받았고 또 개인의 이득이나 영리목적으로 한 것이 아니라서, 나는 벌금에 대해 정식재판 청구를 신청하게 되었다. 법무부 교정기관에서 징벌이라는 처벌을 이미 받은 사건이고, 영리를 위한 이득이 전혀 없는 사건이라서 내 입장에서는 주장할 수 있는 것들이 많았다.

다행히 재판이 받아들여져서 법원에 갔다. 하필이면 가는 날이 장날이라고 법정에 초등학생들이 법원 관람을 하러 오는 날이었다. 판사님도, 검사님도, 나도, 변호사도, 재판 진행을 해야 하는데, 초등학생들이 관람을 하고 있으니 할 말들을 서로 할 수가 없었.

"검사님 말씀 하세요." 검사님 역시도 머뭇거리며 할 말을 못했고 "피고인 할 말 있습니까?"라는 판사님의 질문에 할 말이 많았던 나 역시도 "죄송합니다."라고만 했을 뿐, 더 이상 아무 말도 못했다.

"정상적인 재판 진행이 안 되니 일단 연기하도록 하겠습니다." 판사님은 다음 기일로 연기를 했고 나는 안도의 한숨을 내쉬며 법정을 나왔다.

아직 연기된 재판 날짜는 안 되었지만 이번에는 판사님께 내 입장을 충분히 설명하고, 벌금을 깎아 달라고 사정을 할 수 있는 명분이 하나 더 생겼다는 생각이 들었다. 가족들한테 말해야 벌금을 납부할 수 있을 텐데, 판사님 제가 뭐라고 누나와 장인어른께 말을 해야 됩니까!
판사님도 남자이니 허심탄회하게 말씀해 주십시오. 부탁합니다.

40
오징어 회

   매년 강원도에 오징어잡이가 풍년이 들어서 오징어 철만 되면 전국 각지에서 몰려드는 관광객들이 문전성시를 이룬다.
   나도 가족들과 속초항에 몇 번 갔었다. 큰 함지박 안에 싱싱하게 살아 있는 오징어도 구경하고, 싱싱한 활어들이 사람들의 눈과 입을 유혹하는 시장통을 한 바퀴씩 돌아다니며 구경을 했다. 이곳 어시장이야말로 살아 있는 생기를 가득 느낄 수 있는 진정한 삶의 생생한 현장이란 것이 느껴졌다. 그렇게 부지런히 살면서 행복했던 날들이 엊그제 같은데, 벌써 꽤 많은 시간이 흘러서 아련하기만 하다.

   강원도에서 그렇게 많이 잡히던 오징어 포획량이 줄고 작년과는 비교도 안 될 정도로 수확량이 줄었다고 연일 뉴스에서 보도를 하더니, 이곳 교도소에서도 오징어가 공급되지 않는다는 이유로 오징어 판매가 일시적으로 중지되어 버렸다. 이곳에서의 구매품목 중에 수산물은 마른 오징어가 유일하다. 심심할 때 오징어 한 마리 씹으면 맛도 있고 구강 근육 운동도 되고 좋았는데 굉장히 아쉽다. 한동안 오징어 구매가 안 된다고 하니, 평소엔 그리 많이 먹지도 않던 오징어가 왜 그리 먹고 싶은 것인지 모르겠다.

그러던 어느 날 공급 중단이 되었던 오징어가 다시 원활하게 공급이 된다는 알림장이 방으로 들어왔다. 그래서 오랜만에 오징어를 많이 구매했다. 오징어를 구매해서 스무 마리 중에 열 마리는 껍질을 벗기고 다리를 뜯고 몸통을 찢어서 찬물에 담갔다.

양푼에 한가득 수돗물을 채워서 담고 신문지로 덮고서 다음 날 오전에 물을 버리고 깨끗하게 찬물로 씻었다. 같은 방에서 나를 지켜보던 동료들 중에 눈치 빠른 동료는 잘하면 맛있는 오징어 회를 먹을 수 있겠다는 기대를 하는 것 같기도 하고, 별반 큰 기대 없이 그냥 호기심 가득한 눈으로 물끄러미 쳐다보는 동료도 있다.

다음 날 열어보니 수돗물에 잠겨있던 마른 오징어들이 물에 불어서 속초에서 본 듯한 야들야들한 물오징어로 변해 있다. 반신반의했던 동료들 눈에서 생기가 돌고 기대에 찬 입맛을 다시고 있지만 아직 여기가 끝이 아니다.

여기서 정말 중요한 것은 바로 초장이다. 나처럼 바닷가에서 살아서 최고급 활어만으로 길들여진 입맛이 아닌 일반 사람들이라면, 초장이 맛있는 집이 생선회도 싱싱하고 맛있는 줄 알고 그 집만 드나들게 되어 있다.

나는 방송에서 취재를 나와도 가르쳐 줄 수 없는 나만의 특급 초장 만드는 비법의 노하우를 가지고 있다. 이곳에서 무수히 많은 연구를 거듭한 끝에 최고 달인의 경지까지 오르게 된 특급 비법이다.

오징어를 불리는 것도 잘 모르는 수형자들은, 사이다를 넣어서 불리기도 하고 콜라를 넣어서 불리기도 한다. 나름 위생에 신경을 쓴다고 식수를 넣어서 불리기도 하지만 그냥 수돗물에 불리는 것이 최고이다. 어차피 오징어 자체가 소금기가 있기 때문에 수돗물에 그냥 담가서 불리면, 바닷물의 소금기도 빠지면서 쫀득쫀득해지고 고기의 육질이 차지게 붇는다.

초장에도 굉장히 독특한 비법이 숨겨져 있다고 생각을 할 수도 있겠으나, 사실 배우고 나면 정말 간단하다. 콜럼버스가 계란을 세웠을 때처럼, 그 전에는 아무도 생각 못했었고 도전도 안 해 보았던 방법이다.

일단은 큰 그릇에 구매한 고추장 반 통을 넣고, 사이다를 초장처럼 질퍽해질 수 있는 농도로 붓는다. 거기에 생마늘 장아찌 반찬 남겨 놓은 것을 페트병 안에 갈아서 넣고 마늘도 넣는데 마늘의 양은 많으면 많을수록 좋다. 설탕이 있으면 큰 스푼으로 다섯 스푼이면 되지만, 설탕 대신 사이다를 많이 넣었기 때문에 달달한 건 걱정 안 해도 된다. 마늘을 갈아서 넣었기 때문에 혹시나 모를 조금의 비린내도 잡아준다. 그리고 화룡점정은 전국의 5만 수형자들이 올바른 오징어 회를 먹을 수 있는 그 비법, 바로 '비타민C 레모나'이다.

'비타민C 레모나' 열 개 정도를 까서 넣고 사과 하나를 갈아서 넣으면, 둘이 먹다 하나 죽어도 정말 모를 정도로 맛이 기가 막히다. 초장에 레모나라는 초특급 비법이 있듯이, 오징어 회에도 마지막 먹기 전에 꼭 잊지 말아야 할 것이 한 가지 있다. 깨끗하게 씻은 오징어를 먹

기 바로 직전에 뜨거운 물로 한 번 간단하게 데쳐야 된다. 그냥 먹게 되면 식중독에 걸릴 수 있다.

실제로 1996년도 마산교도소 가을 체육대회 때 오징어 이백 마리를 뜯어 회를 만들었는데, 온수 통에 물이 없어서 데치지 않고 그냥 먹었다가 몇 명이 식중독에 걸린 사건이 있었다. 그 때문에 한동안 소장님이 화가 나서 오징어 구매를 금지하였고, 다시는 오징어 회 구경을 할 수가 없었다. 다행히 후에 새로 오신 소장님은 그 사건을 모르기 때문에 자연스레 오징어 구매를 다시 할 수 있었다.

마지막 먹기 바로 직전에 온수 물로 데쳐야지, 미리 오징어를 데치면 오징어가 뻣뻣하게 되어서 질기고 맛이 없다. 오징어를 먹기 바로 직전에 데쳐야 하는 것이 또 하나의 비법이다. 이렇게 위에 나열한 내용만 지킨다면 맛있는 오징어 회를 아무 탈 없이 오래도록 먹을 수 있다. 먹을 때도 징역 안에서의 오징어 회는 몸통이 맛있는 것이 아니라 다리가 더 쫄깃하다. 귀와 입도 아주 맛있는 특수 부위라서 인기가 좋다.

비록 사회에서처럼 싱싱한 오징어 회에 소주를 한잔 마실 수는 없지만, 동료와 함께 먹는 마른 오징어 회는 이곳에서 즐겨먹는 유일한 해산물로서 누구나 좋아하는 별미 중의 별미이다. 하지만 아무리 먹고 싶어도 한창 더운 여름철에는 절대 먹으면 안 된다. 아무리 오징어 회의 달인이라고 해도 여름에는 식중독에 걸릴 확률이 높을 수밖에 없다. 내가 이렇게 나만의 최고의 오징어 회 비법을 공개하는 이유는, 동료들이 오징어 회를 먹고 식중독에 걸리면 안 되기 때문이다.

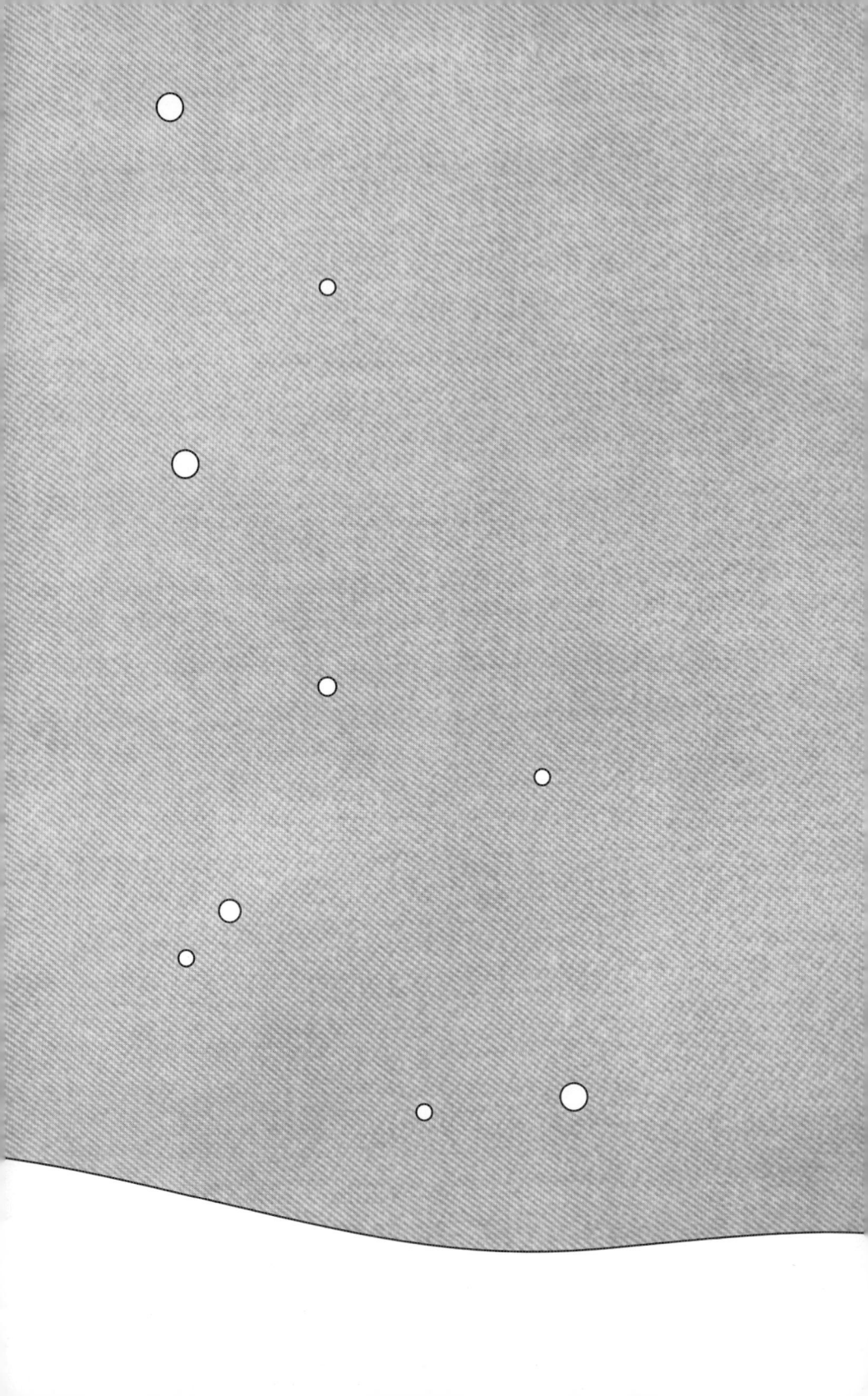

제5부

싱싱한 생각

41
원숭이가 나무에서 떨어진 이유

    귀농 인구가 매년 증가하고 있다고 한다. 도심 생활에서 벗어나고 싶은 사람이나 고향에서 땅을 일구면서 살고 있는 사람이나, 그들 모두 지향하는 바는 행복한 노년을 보내고자 하는 것이다. 그런데 충분한 사전준비 없이 농촌으로 무작정 내려간 많은 사람들은, 도시보다 더 냉철한 농촌의 현실 앞에서, 상처만 입고 다시 돌아가지도 못하는 방랑자 신세가 되는 경우도 종종 있다.

    농촌생활을 하며 농사짓는 일이란 생각만큼 낭만적이지 못할 수도 있다. TV나 언론에서 소개되는 귀농생활을 보면 모두들 부푼 꿈으로 가득 차 있다. 하지만 그것은 성공한 사례들을 소개하는 것일 뿐, 똑같은 피와 땀을 흘려도 모두 TV에 나오는 사람처럼 되지 않는 것이 현실에 더 가깝다.

    나는 매주 화요일 오전에 녹화했다가 다시 틀어주는 '낭만가객, 갈 때까지 가보자'라는 프로그램을 즐겨 본다. 김오곤 한의사와 탤런트 박세준 씨가 돌아가면서 출연을 한다. 산간오지마다 찾아다니면서 귀농에 성공한 사람들과 삶을 멋있게 즐기고 있는 사람들과 며칠씩 동고동락하며 희로애락이 담긴 일화들을 소개해 주는 프로그램이다. 볼 때마다 배울 것이 많은 것 같고 농장이나 밭을 일구던 사람들의 생활상을 한눈에 알 수 있어서 좋았다. 그런데 그들의 고통이나 노력은 영상만으로는 다 보여줄 수가 없기 때문에, 그 노력의 산물인 바로 기름진 옥토고 농장이며 살이 오른 가축들만 보게 된다. 하지만 그 경지까지 오른다는 것은 아무나 쉽게 할 수 있는 일이 절대 아니다. 온갖 고생과 노력으로 최선을 다한 결과이지 저절로 그렇게 되지는 않는다.

예로부터 '땅은 거짓말을 하지 않는다.'고 했다. 도심에서 생활했던 사람들이 산골오지로 갈 수는 있지만, 결승점까지 곧바로 가지 못하고 중간에 포기하게 되면 그 모습은 TV에 나오지 않는다. 사람의 땀을 한 방울씩 모아서 일 년 동안 흘린 그 땀방울을, 가을에 모두 걷는 것이라고 해도 지나치지 않다.

나는 수년 전부터 귀농에 관심을 가지고 주변 정보들을 수집해서 분석해 본 결과, 차라리 귀농보다 오히려 도심에서 성공하는 것이 훨씬 쉽고 빠를 수 있다는 생각이 들었다. 하지만 본능적으로 흙을 좋아하고 농촌의 낭만적인 생활에 대한 환상을 가지고 있는 나에게 농촌 생활은 아직도 참 매혹적으로 느껴진다.

나는 아직도 파릇파릇 새 생명이 꿈틀대는 산과 들이 너무 좋다. 초가집에서 연기가 피어오르는 그 광경은 안 먹어도 배가 부를 정도

제5부 싱싱한 생각

로 풍요롭다는 느낌을 갖게 한다. 하지만 내가 너무 막연한 낭만과 향수에 취해 귀농을 준비하는 것은 아닌가 하는 불안함도 충분히 있다. 그러나 인생의 선배들이 미리 앞서 실패를 한 많은 사례들을 되짚어 보면서, 그 함정에 빠지지 않겠다고 수차례 다짐을 해본다. 그래서 이곳에서 농사에 관한 책이나 야생초, 산나물, 산야초 등에 관련된 책을 아주 재미있게 보고 있다. 귀농생활을 위해서는 가장 먼저 나 스스로가 그 환경에 맞도록 살 수 있는 지식이 필수적이기 때문이다.

행동으로 실천하기 전에 깊게 생각해 보고 전문자료들을 통해 배우면서 준비를 해야 한다. 호랑이도 토끼 사냥을 할 때는 최선을 다하는 것처럼, 가족 전체를 책임져야 하는 가장의 입장에서는 더욱 신중해야 한다. 그리고 결정을 했다면 성공을 향해 달려 나가야 할 것이다.

나도 인생길에 있어서 이미 수만 번의 시행착오를 겪었고 이제 다시 일어서기 위해 노력하고 있다. 우리가 흔히 먹고 있는 쌀 한 톨에도 농부들의 피와 땀이 담겨 있는 것처럼, 내 모든 걸 걸고 후회하지 않는 삶을 살 것이다.

진정한 배움이란 나보다 먼저 세상을 살았던 많은 인생 선배들이, 오랜 시간동안 직접적인 체험을 통해서 경험했던 가장 좋은 결과물들을 내가 지금 배워가는 것이다. 그 농부의 정신으로 지금의 시간들을 보낸다면 그 사람은 귀농이 아니라 그 무엇을 하든 성공할 수 있을 것이다.

이곳에도 모든 걸 포기하고 살아가고 있는 사람들과, 그 반대로 밤낮없이 하나라도 더 배워 새롭게 살고자 하는 사람들 그 사이 사이에 무수히 많은 여러 모습들이 존재한다.

   나는 비록 지금 인생의 최고 밑바닥에서 살고 있지만 누구나 평생 그 자리에만 있으라는 법은 없다. 앞만 보고 잘 달려가다가 잠시 쉬어 갈 때도 있다. 그러니 좌절하지 말고 모든 일에 정말 성실하게 준비하고 최선을 다해 살아간다면, 반드시 그에 따른 충분한 대가는 저절로 따라 올 것이라고 나는 믿는다.

   세상사 눈에 보이는 것과 귀로 듣는 것만이 전부가 아니다. 아주 사소하게 작은 일이라고 할지라도 성실하게 노력한다면 훗날 큰 성공을 이루는 계기가 될 것이다. 그리고 누군가 지금 당장 잘나가는 사람처럼 보여도 그것은 영원할 수 없다. 원숭이가 나무에서 떨어지는 것은 나무를 잘 못 타서 떨어지는 것이 아니다. 자신도 모르는 사이에 방심해서 떨어진 것이다. 원숭이도 나무에서 떨어질 수 있다는 사실을 늘 기억하고, 매사에 차근차근 준비하여 자신이 원하는 결과를 얻기 위해 부단히 노력하는 모습으로 살아야 한다.

42
검방

　미결이든 기결이든 정기적으로 검방을 실시한다. 검방이란 기결수는 방에만 머무르는 것이 아니고 공장에도 출입을 하게 되는데, 혹시나 모를 부정물품이나 흉기를 소지할 수 있기 때문에 방을 점검하는 것이다. 또는 간혹 의심이 가는 일이 생겼을 때 주로 정기적으로 검방을 하게 된다. 보통은 직원들이 하루 일과를 모두 마친 후 퇴근을 잠시 보류하고, 각자 거실이나 공장을 배정받아 검방을 하고 퇴근을 하게 된다.

　오늘은 사동 검방 하는 날이다. 저녁 배식 전에 사동에 직원들이 우르르 몰려왔다. 방에서는 혹시나 모를 부정물품은 없는지 이것저것 확인을 하고 있다. 부정물품이라고 해봤자 목 공장에서 반입한 나무 젓가락이나, 코털을 뽑을 수 있는 족집게 정도가 고작이다.
　그것도 따지고 보면 부정물품에 속하는 물건이라서 직원들이 검방을 하다가 나오게 되면, 크게 문제를 삼지는 않아도 폐기 처분 시키기 때문에 또다시 구하려고 하면 손해가 크다. 그래서 저녁 시간에 갑자기 직원들이 우르르 복도에 몰려오면, 서둘러서 나무젓가락이나 족집게를 화장지에 돌돌 말아서 쓰레기통에 던져 넣는다.

직원들이 방에 검방을 하러 들어오면 여기 저기 뒤져보고, 벽걸이에 걸려있는 사물함 가방을 뒤져보며 거의 다 시간을 때우다 가기 일쑤이다. 하지만 오늘 검방은 다른 날 하고는 좀 차이가 있었다. 보통 한 방에 두 명 정도가 배정 되었는데 소장님이 새로 부임하신지 얼마 되지 않아서, 군기를 잡으려고 하는지 외부근무를 하던 직원들도 예외 없이 모두 들어와서 검방을 하고 있다.

복도에 나가서 벽 쪽으로 앉아서 대기하고 있는데, 직원들이 정신없이 우르르 많이들 몰려와서 한 방에 네 명씩 들어가고 있다. 복도에는 당직 계장님과 관구실 계장님, CRPT들이 왔다 갔다 하면서 험악한 분위기를 연출하고 있다. 그렇게 한동안 방을 들어가서 이것저것 다 뒤져보고, 시간이 한참 지나서야 직원들이 한 명씩 밖으로 나왔다. 우리 방 자체가 특별한 부정물품도 없을뿐더러 특별히 뒤져볼 곳도 없다.

네 명이나 좁은 방에 들어와서 눈으로 한 바퀴 둘러보면 모든 것이 끝난다. 정사각 콘크리트 벽으로 된 방에 선반이 두 개 있고, 이불 올리는 곳이 하나 있는 것 외에는 뒤질 곳도 없다. 그렇다고 방에 들어와서 바로 나올 수는 없을 것이다. 상위계급의 계장님들이 복도에서 왔다 갔다 하고 있기 때문에, 형식적이라도 검사를 상세하게 하는 척

하면서 시간을 때워야 한다.

밖에 나와서 복도에 신문 한 장 깔고 벽 보고 줄줄이 앉아 있는 수형자들도 고생이지만, 퇴근 시간에 짜증나게 검방 하러 와서 시간 때우고 있는 직원들도 고생이다. 그래서 한 달에 한 번씩 서로 그러려니 하고 이해를 한다.

다른 방에서는 아연 건전지로 갈아 만든 칼이 나와서 몇 명이 관구실로 연행되었다. 우리 거실은 검방이 모두 끝나서 직원들이 나오고 방으로 들어왔다. 복도에서 추워서 덜덜 떨다가 방으로 들어오면 편할 거라 생각했는데 천만의 말씀이었다.

와우, 지독한 발 냄새! 하루 종일 구두 신고 이리저리 교도소를 누비던 직원들이 다녀가니 발 냄새가 방에서 진동을 한다. 아무리 구두 신고 교도소를 하루 종일 다녔다고 해도 사람으로서 풍길 수 있는 한계를 넘어선 냄새가 난다. 창문을 다 열고 샤프란을 방에 뿌리고 두 명이서 한참 동안 방바닥을 닦아도 냄새가 안 빠진다. 진한 까나리액젓을 방에 쏟은 것 같은, 스컹크도 기절할 정도의 냄새가 진동한다.

오늘은 직원들이 네 명이나 방에 들어와서 왔다 갔다 하다가 갔기 때문에, 다른 날보다 두 배로 강한 냄새가 배어 있다. 어찌 보면 대한민국 공무원 중에 가장 발품을 많이 파는 공무원이 바로 교도관일지도 모른다. 하루 종일 접견동행을 하느라 수형자들과 긴 복도를 왔다 갔다 해야 한다. 사동근무를 하는 직원들도 수시로 거실에 오기 때문에 종일 걷는 것이 일이다. 그러다 보니 발 냄새가 안 나면 오히려 그게 더 이상한 것이다.

근무를 열심히 했다는 흔적이기에 수형자 입장이 아닌, 대한민국 국민의 입장에서는 표창장이라도 줘야 하지 않을까 싶다. 하지만 상상 그 이상의 발 냄새가 빠지지 않고 있는 지금은 다들 정말 미치고 환장할 지경이다. 이 글을 쓰고 있는 지금도 냄새가 안 빠지고 있어서 콧구멍에 화장지를 말아 끼워 넣고 있다.

어찌되었든지 교도관님들 오늘도 수고 많이 했습니다. 이왕이면 퇴근시간 다 되어서 검방을 하지 말고 출근하자마자 검방을 하면, 직원들도 퇴근시간에 쫓기는 스트레스는 안 받을 것 같습니다. 그러면 수형자들도 질식사는 하지 않을 것 같은데 검방 시간을 한번 바꾸어 보면 어떨까요?
 소장님 부탁합니다. 냄새가 나도 너무 납니다.

43
안 되는 것이 없고 되는 것이 없는 곳

　오랜만에 방에 신입 한 명이 새로 들어왔다. 왠지 기분이 싸하고 소름이 끼친다. 허리까지 내려오는 긴 생머리의 장발을 한 신입을 보는데 별의별 생각이 다 들었다. 속으로 무당인가 싶기도 했는데 그나마 다행히 문화재 관련 일을 하는 목수라고 했다. 머리는 왜 길렀냐고 물었더니, 두통이 심했었는데 머리를 기르고 나니 편해져서 십삼 년째 기르고 있다고 했다.
　내가 헛소리 하지 말고 당장 자르라고 했더니, 나를 쳐다보면서 의외로 알겠다고 쉽게 대답을 하는데 쳐다보는 것만으로도 소름이 쫙 끼쳐왔다. 담당주임님도 굉장히 거북스러워하는 방 사람들을 보면서 머리를 자르고 싶으면 이발하는 날까지 기다릴 필요 없이, 아예 수형자가 이발을 해주는 곳으로 데리고 가준다고 제안을 했다. 신입은 흔쾌히 자르겠다고 대답을 하고 담당 주임님을 따라서 이발을 하고 왔는데, 마음이 영 안 내켰는지 아니면 아쉬웠는지 단발로 자르고 왔다.

요즘 한창 잘나가는 가수 노을의 강균성도 단발머리를 했지만 젊기 때문에 그래도 귀엽다. 그런데 얼굴에 주름이 자글자글한 양반이 단발머리라니, 좁은 방에서 오도 가도 못 하고 쳐다보고 있어야 하는 동료들은 그저 난감할 따름이었다.

같이 점심을 먹다가 머리가 얼굴 옆으로 찰랑거리면서 국그릇에 닿는 것을 보며 나는 참지 못하고 또 한마디 했다. "혼자 생활하는 것도 아닌데 좀 심합니다. 아무리 징역이지만 당신 때문에 신경 쓰여 죽겠습니다."라고 짜증을 냈더니 더 짧게 자르겠다고 말을 한다. 그런데 그날이 하필이면 금요일이었다. 점심 먹고 나면 수형자 이발사들이 자리에 있을지 확실하지 않았다.

이미 오전에 담당주임님이 부탁을 해서 깎아 줬는데 또다시 부탁하기 조금 난감한 것이었다. 한 번에 깎았으면 이렇게 두 번 일을 하지 않아도 되었을 텐데, 본인도 그렇고 방 사람들 모두가 서로 얼굴에 짜증이 묻어있다. 푹푹 찌는 삼복 무더위 속에 이상한 정신세계의 신입 때문에 이래저래 불쾌지수가 오르고 있었다.

고민 끝에 면도기로 방에서 이발을 하기로 서로 합의를 보았다. 웃는 얼굴로 신문에 구멍을 뚫어서 뒤집어씌우고는 면도기와 빗을 들고 이발을 시작했다. 면도기에 보면 구레나룻의 긴 수염을 자를 수 있도록 옆 부분에 네모로 된 카트기가 붙어 있다. 물론 면도용이지 이발용은 아니었지만 그래도 아쉬운 놈이 우물 판다고 삭발에 도전을 했다. 모양 있게 자르라고 하면 할 수 없는 일이지만 단순 삭발은 특정한 기술이 필요 없고, 그냥 면도기 카트 날을 대고 계속 밀어붙이면 된다.

생각했던 것 이상으로 잘 깎였다. 바짝 자른 머리 위를 면도기로 면도하듯이 다듬고 나니 스님들 머리처럼 깔끔하고 반짝반짝 빛이 났다. 그 위에 로션을 바르고 나니 영락없는 스님이 되었고 나이도 한 오 년 이상은 더 젊어 보였다. 방 사람 모두 잘 깎았다며 시원해 보인다고 만족해했다. 그 모습을 보고 머리를 깎겠다는 사람도 생겼다.

이곳에서는 누구한테 잘 보일 필요도 없고, 더운 여름날 머리 감기도 편하겠다는 이유로 삭발열풍이 불기 시작했다. 며칠 만에 다섯 명이 서로 깎아주고 하면서 갑자기 방이 절간이 되어 버렸다. 순간 나도 깎아버릴까 하는 유혹도 있었으나 겨우 참았다. 혹시라도 가족들이 면회를 오면 괜히 쳐다보는 사람 마음이 많이 무거울 수도 있겠다는 생각이 들었다.

방 사람들 절반 이상이 머리를 삭발하고 반짝반짝 다듬고 있으니 영락없는 스님들 모습 같았다. 실제로 옆방에 스님이 한 분 들어왔는데 운동 나갈 때마다 몇 번이나 힐끗힐끗 쳐다보더니, 며칠 후 운동 시간에는 과일과 닭 훈제를 방으로 넣어주면서 많이들 먹으라고 한다. 불교 방이 있다는 말은 들었는데 옆방이라서 기분도 좋고 보기도 좋다고 하는 말도 덧붙였다. 해맑게 웃는 스님의 모습을 보면서 모두들 멍하니 쳐다보면서 같이 웃을 수밖에 없었.

나중에 소지를 통해서 스님한테 우리 방이 불교 방이 아니라고 설명해주라고 부탁을 했다. 그리고 나서도 스님은 한동안 우리 방을 향해서 아는 척을 하였다. 우리 역시도 반갑게 인사를 했다. 그리고 며칠 후 스님이 지나가는데 새로 잠시 교대를 나온 직원 한 분이 운동 나가는 스님을 향해서 한마디 했다.

"팔 번 방은 아직 운동 시간이 아닌데 왜 벌써 나온 거야?"

그 스님도 머리를 깎고 있으니 당연히 팔 번 방 사람이라고 생각을 했는가 보다. 스님은 자기는 팔 번 방이 아니라고 하면서 굉장히 쑥스러워하였고, 우리 방 사람 전체는 크게 웃고 말았다.

낮에는 잘 모르겠더니 밤에는 정말 볼 만하다. 줄줄이 빡빡 깎은 머리를 일렬로 줄을 맞추고 잠을 자는 동료들의 모습이 반짝반짝 귀엽다. 교도소가 아닌 큰 절의 스님들 취침시간이라고 생각될 정도이다.

무료하고 지루하기만 했던 그 여름 그 밤은 시원한 대머리들이 있어서 불쾌지수도 그리 높지 않았고 지루하지 않은 여름을 보낼 수 있었다. 면도기로 이발한다는 생각은 이곳이 아니라면 상상도 하지 못할 일이다. 안 되는 것이 없고 되는 것이 없는 곳이 바로 이곳이다.

44
스마트 벽

　벽 하나를 사이에 두고 있는 이곳은 밖의 세상과는 또 다른 세계이다. 벽을 넘기만 하면 스마트폰으로 모든 정보를 찾을 수 있는 소통의 천국이지만, 벽 안쪽은 정보가 단절된 채 마치 어둠 속에 살고 있는 원시인들 같다. 그렇게 정보가 단절된 곳에서 살다 보니 때때로 답답한 경우가 많다. 특히 장기수들만 모여 사는 장기수 방은 더 그럴 것이다.

　사람들이 궁금해하는 정보 중에서 가장 많은 것들이 연예인에 관한 이야기인데, 이와 관련된 정보를 알고 싶으면 사회에서는 TV와 신문 그리고 잡지 등을 통해 알 수 있다. 하지만 이곳에서는 궁금한 일이 생겨 방 사람 모두의 의견이 분분하여 편이 갈리면, 이곳저곳에 물어서 결국은 그 답을 알고 있는 사람을 찾아내야 한다.
　반대로 사회에서는 스마트폰 검색 한 번만으로 내가 필요로 하는 모든 정보를 알 수 있다. 이곳에도 스마트폰에 중독되어 스마트폰 없이는 단 하루도 살 수 없을 것 같던 사람들이 살고 있다.

당장에 스마트폰이 없다는 생각만 해도 정신불안증세가 올 것 같지만, 이곳은 모두가 스마트폰이 없는 공간에서 살고 있기 때문에 이에 맞게 적응이 된다. 정보의 세계와 단절되었기 때문에 굉장히 답답하기도 하지만 의외로 잘 지내게 된다. 오히려 스마트폰이 없기 때문에 가족들에게 직접 수기로 편지를 쓰게 되는데, 그걸 보는 가족들은 눈물을 흘린다. 그리고 가족들이 보내온 손 편지가 도착해서 읽어 보게 되는 수형자 역시도, 밤이 새도록 펑펑 눈물을 쏟아 낼 수밖에 없다.

스마트폰이 다양한 정보와 빠른 속도의 세계로 사람들에게 편리함을 주고 있지만, 오히려 그것 때문에 사랑과 관심이 미치지 못하는 곳이 많다. 자신들만의 한정된 공간을 만들어 그 속에서 함께 하지 못하는 세대를 배척해 버리는 경우가 생기게 된다. 부모와 자식 간에 스마트폰으로 인해 소통이 단절되고, 서로에 대한 불만이 쌓여 문제가 터지게 되면 그에 대한 불만이 잘못된 방법으로 표현되기도 한다.

현재 어린 소년수 중에는 꽤 많은 경우가 세대 간의 단절로 인한 가정불화가 탈선의 원인이 되는 경우가 대부분이고 이런 추세가 점점 늘어나는 것이 우리 사회의 현실이다. 하지만 이곳에 들어온 대부분의 소년수들은 스마트폰이라는 벽을 없애고, 십 분도 채 안 되는 짧은 시간 동안의 면회시간에 부모와 소통이 되면서 접견장은 눈물바다를 이루곤 한다.

방에서도 수시로 주고받는 손 편지로 서로의 사랑을 찾아가는 과

정을 지켜보면서, 스마트폰이 꼭 필요한 사회가 되었지만 그 이점으로 인해 정작 중요한 것을 보지 못하게 되고, 진정한 소통을 잃어버린 것은 아닌지 다시 한 번 돌아보게 된다. 멀리 있는 것에만 관심을 갖고 가까운 곳을 보지 못하게 하는 스마트 벽을 허물어, 가족 안에서 사랑을 되찾을 수 있었으면 하는 마음이 든다.

잃어버린 사랑을 다시 찾기 위해 오늘도 많은 손 편지들이 높은 담을 울고 웃으며 넘고 있다.

45 행복한 날들

　존경하지만 멀게만 느껴졌던 큰형님과의 관계가 국선도라는 운동을 같이 하면서 많이 가까워지게 되었다. 그 즈음에 이미 만기가 된 기존의 고시반 반장이 출소를 하게 되면서 그 자리를 내가 맡게 되었다. 어떤 단체든지 항상 그 대표들의 사고방식과 행동에 따라서 그 단체의 조직이 구성되고 운영된다. 내가 고시반 반장으로 있는 한은 최고의 면학 분위기를 조성하고 싶었다. 그래서 반의 전체적인 분위기를 기존의 자율적인 분위기에서 공산당 스타일로 바꾸었다.
　가정형편이 어렵거나 피치 못할 사정이 있어서 학업을 중단한 사람들의 공부에 대한 뜨거운 마음을 이해하고, 고시반에 들어온 이상 빈손으로 그냥 나가는 수형자가 없도록 하겠다고 다짐했다.

　초반에는 바뀐 분위기에 적응하지 못해서 불만도 많았고, 중간에 고시반 생활을 포기하는 사람들도 생겼다. 공장에서도 '고시반에 올라가면 아침에 일어나서 밤 열한 시까지 무조건 의무적으로 공부를 해야 한다.'는 소문이 생기면서 오려고 하는 사람도 많지 않았다. 하지만 '정말 공부를 하고자 하는 사람들에게는 최고의 면학 분위기가 조성되어 있다.'는 소문이 곧 돌기 시작했다.

대충대충 공장에서 일을 안 하고 고시반에 와서 편하게 있으려고 하는 사람들은 오지 않고, 오로지 공부를 하려고 하는 열정이 가득한 학구파들이 모이기 시작했다. 점점 고시반의 면학분위기가 강화되면서 고시반 검정고시 합격률이 높아졌다. 공주 교도소 직원들조차도 근무를 서느라 고시반에 오면 깜짝 놀라면서, 분위기에 방해될까 봐 조심하며 근무를 했다.

방의 인원수대로 작은 책상을 벽 쪽으로 붙여놓고 벽을 보면서 항상 공부를 했다. 만약에 수업시간에 공부를 하지 않고 다른 행동을 하거나, 다른 동료들의 공부에 방해가 되는 행동을 한다면 나는 절대 그냥 넘어가지 않았다. 그동안 살아온 삶이 어떻든 변명은 접어두고 무조건 고시반에 올라오면 공부를 하게 했다. 공부를 위해서 목숨 걸 자신 있는 사람만 올 수 있는 곳이 고시반이라는 것을 각인시키기 위해서, 나부터 철저하게 편한 생활을 포기했다. 솔선수범을 하면서 절제된 행동으로, 그 누구한테도 책이 잡히지 않도록 조심하면서 항상 긴장된 생활을 하면서 살았다.

그런 생활들에 길들여지면서 오십 명 가까이 되는 인원이 한마음 한뜻이 되기 시작했다. 내가 잔소리를 하던 입장에서 이제는 서서히 시간만 되면 자동적으로, 책상을 펴고 공부하는 분위기가 형성이 되

었다. 공부를 하고 있을 때 방해가 되는 행동을 이제는 내 눈치가 아니라, 옆 동료들의 눈치가 보여서 못 하는 분위기가 되었다. 하나씩 하나씩 내가 이상적으로 그렸던 고시반의 틀이 잡혀졌다. 공부를 열심히 하는 사람들에게는 많은 편의를 제공할 수 있도록 도왔다. 다수가 좋은 결과로 고시반을 떠나서 출소를 하거나 공장으로 돌아가도, 잊지 않고 내게 감사의 편지를 보내고 면회도 왔다.

그 인연들이 지금까지 길게 이어지고 있다. 하지만 내 신분이 '조직폭력배 부두목'이라는 명칭으로 이곳에 수감되어 있기 때문에, 정식으로 고시반 반장이라는 허가가 나지 않았다. 공장이나 훈련생 각 반장들이 나를 '봉사원'이라는 호칭 아래 정식으로 소장님 명으로 임명을 받아서, 각 공장이나 훈련생 조직을 통솔할 수 있도록 되어 있는데 그중에 조직폭력배나 마약사범들은 해당사항이 없었다. 하지만 고시반 분위기를 공부를 위한 곳으로 만들고 성과가 좋아진 것은 내 노력의 영향이 컸다. 그래서 많은 직원분들이 나를 추천해주었다. 담당 계장님의 적극 추천으로 봉사원 호칭이 아닌 '고시반 학습지도'라는 새로운 직분으로 허가가 났다. 공부 하나로 승부를 건 나에겐 더없는 기쁨이었다. 학습지도라는 호칭을 달고 다니고부터, 고시반에 들어온 신입생들이 공부하는 방법에 대하여 모르는 것이 있을 때마다 나를 찾아왔다.

내가 알고 있는 한 최대한 성심성의껏 알려주면서, 나 또한 더 많은 공부를 해야 했고 항상 긴장의 끈을 놓지 않았다. 공부는 환경도 중요하지만 어떤 과목이든 반복이 가장 중요하다. 아무리 잘 알고 있는 것도 사람의 뇌 자체가 오래된 기억이나 지식들은 자연스럽게 지우기 때문에, 나도 모르는 사이에 잊어버리게 된다. 그래서 내가 꼭 필요할 때는 생각이 안 나고 나중에는 아차! 하고 생각이 나게 된다. 그렇기 때문에 무조건 책을 반복적으로 보고 또 보면서 끊임없이 예습과 복습을 해야 된다. 그러다 보면 공부도 부지런해야 잘할 수 있다는 결론이 나오게 된다.

아무리 머리가 좋아도 교과서를 한 번만 보고 만다면 결코 공부를 잘할 수 없다. 물론 머리가 정말 좋다면 다른 사람보다 조금 더 도움이 되겠지만, 머리보다는 성실하고 끈기 있게 노력하는 부지런한 사람이 공부를 잘한다. 머리도 좋으면서 부지런하다면 금상첨화이지만, 내가 이제껏 본 사람 중에 둘 다 소유한 사람은 없었다.

머리가 좋다고 방심하는 사람들은 마치 토끼와 거북이처럼, 꼭 거북이에게 역전당하고 뒤늦은 후회를 하는 토끼가 되어 버린다.

공부를 할 때는 거북이처럼 최선을 다해서 성실하고 꾸준하게 하면, 누구나 고시에 합격할 수 있다.

고시반을 오롯이 내 의지 하나로 공산당 분위기로 바꾸면서, 머리는 좋지만 게으르고 공부를 뒷전으로 하는 수형자에게 나는 전혀 친절하지 않았다. 반대로 아무리 머리가 좋지 않아도 하고자 하는 의지가 보이는 사람에게는, 열과 성을 다해 힘닿는 곳까지 도움을 주었다.

고시반의 학습지도라는 직분으로 밤낮없이 동료수형자들의 공부를 돕고 열성으로 뛰었다. 그런 나에게 직원들과 동료수형자들도 많은 성원과 신뢰를 하며, 나를 많이 의지하고 있다는 것을 느낄 수 있었다.

나는 비록 이곳에 갇혀있는 몸이지만 고시반에서 보람 있는 하루하루를 보내며, 오로지 책과 공부에 빠져서 행복한 날들을 보냈다.

46 대통합

이곳에서는 매주 종교별로 천주교, 불교, 기독교 집회가 열린다. 종교 활동을 통해서 많은 위안을 얻는 사람들이 있기 때문이다. 사회에선 종교를 가까이하지 않던 사람도, 이곳에서는 힘든 마음을 다스리고 의지하기 위해 종교를 받아들이기도 한다. 스님이 되는 사람도 있고 신학을 공부하는 사람도 꽤 있는 것 같다.

각 종교별로 찬송가 대회라든가 불경 외우기 대회가 매년 개최된다. 이번에는 불교에서 큰스님이 부처님 오신 날을 기념해서, 한 주 전 불교집회 때 불경 외우기 대회 개최를 발표했다.

우승팀에게는 역대 최고의 상품인 신라면 열 박스와 자장면 다섯 박스를 부상으로 걸었다. 그 소식은 전 공장 사람들과 나까지도 군침을 흘리게 할 정도로 큰 상품이었다.

부상을 위해 참가했으니 반드시 우승을 해야 하는데 나의 종교는 기독교이고, 고시반은 불교인보다는 현재 기독교인들이 더 많았다.

그런 상태에서 불교를 믿는 사람들로만 준비를 하면 아무런 성과도 얻을 수가 없을 것이다. 게다가 심사기준이 불경을 잘 외우는 것뿐 아니라, 각 공장이나 훈련생 인원에 비례한 참여호응도까지 평가를 한다. 전원 참석의 경우 높은 점수를 받을 수 있는데, 과연 내가 어떤 명분을 내세워서 모두 참석을 시킬 수 있을지 고민하기 시작했다.

각 종교별 대표로 있는 기독교 회장이나 불교 회장 등이, 공장이나 훈련생 중에서 구역장을 선임한다. 그들의 역할은 종교별 소식이나 알림장을 배포하고 전도활동도 하면서, 종교 활동이 원활히 이루어질 수 있도록 돕는 역할을 한다. 그런데 불교 불경 대회를 참가한다면, 가장 먼저 불참을 선언할 기독교와 천주교 구역장들의 반응은 불을 보듯 뻔하다. 그들은 당연히 반발할 것이고, 많은 사람들이 보는 상태에서 안 한다고 말을 뱉어 버리면, 다시는 설득하기가 힘들 것이란 생각이 들었다. 불교 구역장을 불러서 말을 해봐도 자기는 설득시킬 자신도 없고, 이미 작년에도 비슷한 일이 있었다는 대답만 돌아왔다. 어쩔 수 없이 내가 만나서 담판을 지을 수밖에 없었다.

기독교 구역장을 불러서 불교 불경 대회를 이야기했더니 역시 예상했던 반응과 다르지 않았다. 기독교 구역장은 "다른 기독교인들이 참석하는 것은 막지 않겠지만, 나만큼은 불경을 외우고 대강당 무대에 오를 수 없다."고 차갑고 완강하게 거부의사를 표현했다. 그의 눈빛을 보니 말도 안 되는 소리를 하고 있다고 말하는 듯했다. 그리고 특히나 기독교인들은 교도소에서도 서로 잘 화합하고 서로를 잘 챙긴다. 그렇기 때문에 각 구역장들이 하는 말이나 행동들이 크게 영향을 끼치는 때가 많은데, 지금도 마찬가지인 상황이다. 구역장 불참은 기독교인 모두의 불참 확정을 뜻하는 것이나 마찬가지였다.

나 역시도 기독교인이고 고시반의 반장 역할을 맡고 있다. 그리고 우리 구역장님 하면서 좋은 관계를 맺고 있긴 하지만, 이 대회의 부상인 신라면 열 박스와 자장면 다섯 박스는 체육대회 때보다도 큰 부상이어서 나는 그것을 쉽게 포기할 수가 없었다.

"고시반에서는 기독교 찬송 대회에서 1등이 아니라 2등, 3등의 등수도 들어본 적이 없었고 항상 참가상만 받았었다. 그런데 나는 이번 불교 불경 대회가 목적이 아니라 찬송 대회에서의 1등이 목표이다. 그러기 위해서는 우리가 먼저 불교 불경 대회에 참석을 해서, 좋은 결과가 나오면 당연히 좋은 것이지만, 안 좋은 결과가 나온다 해도 다음 찬송 대회 때는 더 잘할 수 있을 것이다. 모두가 한마음 한 뜻으로 모인다면 좋은 성과를 만들어 낼 수 있을 것이다. 제대로 한번 종교 관계를 떠나서 단합을 해보자."고 목에 핏대를 세워가며 일장연설을 했다.

내 말을 들은 기독교 구역장은 한참을 고민하는 듯이 보였고 "찬송 대회 부상은 정말 작을 텐데 그때도 지금처럼 열성을 가지고 참가할 수 있는가?"라는 질문에 대답을 하면, 다른 기독교인들에게도 말을 해보겠다고 하며 겨우 마음을 돌리는 것이었다.

다음 날 각 종교구역장 세 명을 모두 불러서 의기투합을 하고 운동시간에 모두 모아놓고 한마디 했다. "이번 부처님 오신 날 기념 불경 대회는 우리 고시반 전원이 종교와는 모두 상관없이 참석했으면 합니다. 다들 아시겠죠!"라는 내 말이 떨어지기 무섭게 "네."하는 기독교 구역장의 목소리가 제일 컸다.

그렇게 무사히 고시반 전원 참석이라는 말도 안 되는 통합을 이뤄 낸 다음 날부터, 우리는 천수경을 외우기 시작했다. 각 구역장들과 머리를 맞대고 우승을 위한 퍼포먼스를 짜기 시작했다. 이왕 하는 거 무조건 우승하자는 다짐을 했고 그동안 서로가 종교를 사이에 두고 서먹서먹했었지만, 같은 목표를 정한 후에는 이런저런 아이디어가 막 나오기 시작했다.

그중에 가장 획기적인 것이 바로 부처님을 만들자는 기독교 구역장의 아이디어였다. 불교하면 무조건 떠오르는 것이 부처상인데 부처상을 크게 만들어서 한쪽에선 불경을 낭독하고, 나머지 사람들은 부처상을 돌면서 불공을 드리는 연출을 하자는 의견이었고 모두들 대찬성을 했다.

그날부터 한쪽 방에선 보리밥을 남겨서 양말에 넣고 꾹꾹 짠 다음에 물에 섞어서 풀을 만들었다. 신문과 못 쓰는 잡지나 헌책 등으로 부처님 모양의 모형을 만들기 시작했다. 열흘 정도의 시간과 노력 끝에 부처님 모양의 모형이 완성이 되었다. 하지만 생각과는 달리 너무 형편없고 실감이 나지 않게 만들어진 모습을 보니, 부처상만 멋있게 만들어진다면 멋진 퍼포먼스가 될 것 같은 생각에 몹시 아쉬웠다. 그렇게 이 모양도 저 모양도 아닌 자칭 부처님 모형을 폐기하면서 번쩍하고 좋은 아이디어가 떠올랐다.

부처님 상을 만들기 위해서는 종이로 된 부처님 모형이 아닌 진짜 사람이 부처가 되면 된다는 생각이었다. 정답은 바로 살아 있는 인간 부처였다. 상쾌한 마음으로 구역장들과 파이팅을 외치고, 대회 당일 대강당 밖에서 모든 준비를 마쳤다.

기다리고 기다리던 고시반의 아홉 번째인 우리의 순서가 다가왔다. 강당 화장실에서는 머리를 삭발한 두 명의 동료들이 속옷만 입고, 몸 위에 황금색 스프레이를 칠하느라 정신이 하나도 없었다. 큰 상 두 개를 준비해서 한 명씩 가부좌를 틀고 앉았고 황금색 스프레이를 온몸에 칠하고 나니 영락없는 부처님이었다. 그것도 정말로 살아 있는 최고의 부처님이었다.

드디어 고시반 순서가 되어 큰 상 위에 부처님이 앉아 있고, 나머지 사람들은 상을 빙 둘러서서 손을 모아 합장을 했다. 고시반을 지켜보던 타 공장 수형자들과 심사위원석의 스님들이 자리에서 벌떡 일어나며 탄성을 질렀고, 시작도 전에 감탄사가 흘러나오고 있었다. 무대에 오르고 일사분란하게, 많은 인원들이 상 위의 사람 부처님을 돌면서 불공드리는 모습을 연출했다. 불교신자 네 명이 목탁을 두드리며 낭랑한 목소리로 천수경을 깔끔하게 마무리 했다. 마지막에는 종이를 잘게 자른 꽃가루를 뿌리며 화려하게 공연을 마무리했다. 결과는 당연히 우리 고시반이 일등이었다.

우리 공연을 지켜본 큰스님은 기쁜 마음으로 심사평을 하였다.

"우리 고시반에 이렇게 많은 사람들이 부처님을 사랑하고 있다는 것에 진심으로 감동받았으며…"

한참을 큰스님이 들뜬 마음으로 심사평을 할 때, 우리의 시선은 모두 큰스님 뒤에 있는 신라면 열 박스와 자장면 다섯 박스에 눈이 고정되어 있었다.

그 많은 인원이 한마음 한뜻으로 대통합을 이루어낸 것을 보고는,

몹시 감동을 받으신 큰스님은 울먹울먹하면서, 내년에는 더 큰 행사가 되도록 노력하겠다는 끝말로 대회의 막이 내렸다.

그로부터 두 달 후에 기독교 찬송 대회가 열렸다. 한 번 우승의 맛을 본 우리들은 자연스레 단합이 이루어졌고, 성대하게 또 한 번의 멋진 찬송 대회로 대미를 장식했다. 한동안 고시반에는 부상으로 받은 신라면과 자장면이 가득했던 덕분에 우리들 배가 든든했었다.

47 싱싱한 생각

학창시절 새 학년이 되어 새 교과서를 받아오면 어머니는 항상 깨끗한 달력으로 책 겉표지를 싸주었다. 달력으로 깨끗하게 책을 싸면 마음도 상쾌해지면서 학교에 가서 책을 꺼내 볼 때마다 기분이 참 좋았다.

검정고시를 합격하고 돌아가는 동료들을 볼 때면 고시반 반장으로서 기분도 좋고 보람도 많이 느꼈다. 새로운 검정고시 훈련생들을 위해서 책을 두고 간 동료들의 마음을 생각해서, 나는 남겨진 책들을 쇼핑백 종이로 겉표지를 깨끗하게 싸놓았다가 신입 훈련생들에게 책에 돈 낭비하지 말라고 하며 나누어 주었다.

책을 받아들고 고마워하는 사람도 있고 여유가 되는 수형자들은 본인의 돈으로 구매를 하는 사람도 있었지만, 대부분 겉표지를 깨끗하게 싸놓은 책으로 공부를 했다. 그러면서 "옛날에는 책을 이렇게

다 싸서 보았는데."라고 하면서 잠시 추억에 젖기도 하며 진심으로 고마워했다. 사소한 것이지만 그냥 헌 책을 주는 것보다는 나 역시도 기분이 좋았다.

고시반에 올라오는 사람들은 목적이 있고 희망이 있기 때문에, 얼굴 표정에서 생기가 돌고 걸음걸이도 살아 있다는 생각이 들었다. 희망이 있는 사람은 징역살이가 그리 암울하거나 어렵다고만 느끼지 않고 생활을 하고 있기 때문에 얼굴 표정이 밝게 살아 있다. 하지만 희망이 없는 사람은 웃어도 웃는 것이 아니고, 살아도 살아 있는 사람이 아닌 것처럼 늘 어두운 표정이 가끔가끔 보일 때가 있다.

특히 오랫동안 이곳에서 살아야 하는 장기수들에게는 서로 말은 안 하지만, 눈으로 마음으로 직감으로 알고는 서로 괜한 일로 부딪치지 않으려고 피하게 된다. 그런데 한번은 같은 방에서 생활하는 장기수가, 나와 함께 있으면 힘이 나는데 그 힘이 대체 어디에서 생기는 것이냐고 물었다. 나는 한마디로 뭐라고 딱히 설명하기는 힘들지만, 자신감과 책임감 있는 행동이나 말투 그리고 생각이 싱싱하다는 말을 해 주었다.

사람이 늙어 가면서 머리에 희끗희끗하게 서리가 내려앉고 얼굴엔 주름살이 늘어나기 시작하면서, 그 늙어가는 현실에서 벗어나려는 피나는 노력들을 하는 것 같다.

약물을 투여해서 주름을 펴는 시술을 하는 사람도 있고, 메스로 절제를 해서 팽팽하게 당기는 사람도 있다. 머리에는 각양각색의 염색을 한다. 하지만 내 생각에는 그것은 '잠시 눈 가리고 아웅'일 뿐인 것 같다. 대부분의 사람들은 보이는 겉모습에만 신경을 쓰고 있기 때문에, 정작 중요한 자신의 생각이 늙어가고 있다는 것은 인지하지 못하고 있는 것 같기 때문이다.

생각이 싱싱하다는 말을 처음 들었을 때는 잘 몰랐지만, 그 단어를 만난 후로 나는 항상 생각이 늙으면 안 된다는 생각을 하면서 살고 있다. 그렇게 내 생각을 의식하면서 살다 보니 나는 항상 즐겁고 싱싱한 생각을 많이 하게 되었다. 그래서 늘 긍정적인 사고방식으로 살아가고 있다.

내 육체가 늙어가는 것은 사람의 힘으로는 막을 수가 없다. 하지만 내 생각이 늙어가는 것은 충분히 막을 수 있다고 생각한다. 내 생각이 늙어가는 것을 막다 보면 자연히 늙어가는 몸에도 변화가 생기고 젊어지기 시작한다. 그리고 생각이 싱싱하게 젊은 사람은 얼굴에 생긴 주름도 예쁘게 자리 잡기 때문에, 주름조차도 보기 싫다는 생각이 전혀 들지 않고 우아하고 곱게 늙어간다.

생각이 늙어버린 사람은 눈에 조금만 주름이 생겨도 인상이 안 좋아 보이기 때문에, 더 늙어 보일 수밖에 없다. 누구나 늙어가는 모습에서는 인자한 모습을 찾아 볼 수가 없기 때문에, 험악하고 추해보이는 인상이 된다. 얼굴의 주름을 제거하려는 생각보다는 그 생각을 젊어지게 하려고 노력하는 일이 우선시 된다면, 얼굴의 주름은 더 이상 추하게 보이지 않을 것이다.

그렇다고 해서 내가 수술을 하거나 염색을 하며, 외모에 신경을 쓰는 것을 탓하자는 것은 절대로 아니다. 외모를 아름답게 가꾸는 것은 자기 자신을 사랑하고 아끼는 것이니 그것 또한 방치하면 안 된다. 다만 우리의 생각을 좀 더 싱싱하게 유지하자고 외치는 것뿐이다.

고시반의 훈련생들이 새롭게 선발되어 올라오면 겉표지를 깨끗하게 싸서 교과서를 나눠주는 반장을 보면서, 비록 징역 생활이지만 공부를 열심히 해서 합격할 수 있다는 자신감을 갖게 해 주는 것이 나의 사명이라는 생각이 들었다.

고시반을 위해 내가 할 수 있는 일이 무엇이 있을까 하고 고민하던 끝에, 아주 사소하게 책을 싸는 일부터 시작을 했다.

싱싱한 생각은 싱싱한 마음이 되고 싱싱한 실천이 되면서 싱싱한 결과물로 우리를 풍성하게 해준다. 내가 처한 환경이 힘들고 어려울수록 싱싱한 생각으로 살아야 한다. 지금 나의 생각이 싱싱하지 못하면 나의 육체도 싱싱함의 빛을 잃어 금방 시들어 버리고 말 것이다.

우리 인간에게 그것보다 더 무서운 적은 이 세상에 아무것도 없을 것 같다.

48
새 박사

　4공장 반장님이 출소를 한 뒤에 일경 형님이 반장이 되었다. 그동안 착실하게 생활하면서 공장을 너무 잘 이끌어 왔고 동생들도 잘 따랐기 때문에, 반장이 된 것이 당연하다고 생각했다. 그런데 몇 번의 징벌을 받은 사건이 있었기 때문에, 한 번 받은 징벌이 두 번, 세 번으로 늘어나면서 신분장에 기록이 남아 있었다. 그 기록 때문에 오랜 시간을 기다린 후에야, 우여곡절 끝에 간신히 반장으로 허가가 났다.
　일경 형님은 운동도 잘하고 인물도 좋고 매너도 좋았다. 그런데 한 번씩 성질이 나면 눈에 보이는 것이 없이, 난폭하게 폭발을 하는 경향도 있었다. 그러나 한편으론 정도 많은 선배였다. 어린 나이에 십 년이 넘는 세월동안 이곳 객지에서 수감생활을 하면서, 한 번 시작을 하면 끝장을 보는 근성이 생겼다고 한다.
　나보다는 한 살이 많았다. 마산과 거제도는 멀리 떨어져 있지만 충청남도 공주에서의 마산과 거제도는, 한동네처럼 친근감이 형성되어

서로를 항상 염려해 주면서 잘 지내던 터였다.

일경 형님이 반장이 되면서 운동 시간에 복도를 사이에 두고 서로의 안부를 묻던 중 뜬금없이 "상덕아, 공장에 있는 새 버릴 건데 너 줄까?"라며 물었다. 전에 반장님이 공장에서 키우던 십자매 네 마리 중에 세 마리가 있고 잉꼬가 한 쌍 있는데, 반장님이 출소를 하고 난 후 완전 찬밥 신세가 되었다는 사정을 듣게 되었다.

사람들이 털 날린다고 싫어해서 버리긴 버려야 하는데, 내가 공장에 같이 있을 때 새 밥과 물을 항상 챙겨주던 것이 생각이 나서 나에게 물어본 것이다.

나는 다음 날 4공장 운동 시간에 복도까지 나가서, 새장과 새 밥을 받아서 고시반으로 가져왔다. 밤에 혹시나 쥐가 공격할 수도 있기 때문에 목공반장님에게 부탁을 해서, 사동 복도 제일 끝에 선반을 설치하고 새장을 흔들리지 않게 나사로 고정했다.

아무리 책을 많이 보고 공부를 하면서 바쁘게 살고는 있어도, 이곳 생활은 단순하기 때문에 가끔은 문득문득 삭막하고 외롭다. 그런 상태에서 새로운 신입으로 맞이한 예쁜 새들을 쳐다만 봐도 시간이 금방 가버렸다. 새장에서 놀고 있는 모습을 보면 너무 귀엽고 사랑스럽고 신기하기만 했다.

그냥 밥하고 물만 주면 되는 걸로 알고 있었지만, 그래도 이왕 키우는 거 제대로 키워보고 싶은 마음에 조류 관련 서적을 두 권 사서 읽어 보았다. 새를 키우면서 가장 쉽고 누구나 손쉽게 기를 수 있는 새가 십자매와 잉꼬였다.

4공장에 있을 때 십자매들이 지푸라기로 만든 둥지 안에 몇 번이나 알을 낳았었다. 그때 부화를 시키지 않고 썩혀버리는 것을 보았었는데 다 이유가 있었다는 것도 책을 읽으면서 알게 되었다.

유심히 관찰을 해 보니 세 마리 중에 암놈이 한 마리이고 수놈이 두 마리였다. 공장에 있을 때는 두 마리가 수놈이고 두 마리가 암놈이었는데 그동안 암놈이 한 마리 죽었다. 그리고 책을 읽으면서 두 마리 모두 털을 부풀리고 소리를 내는 모습이, 암놈 앞에서 구애를 하는 모습이라는 것을 알게 되었다.

유심히 지켜보니 암놈이 가까이하는 수놈이 하나 있는데, 그 둘 사이를 다른 수놈이 계속 방해하듯이 대가리를 밀고 들어왔다. 둘은 상당히 민감하게 밀어내고 있었지만 눈치 없는 다른 수놈의 계속되는 방해 때문에, 늘 새장 속이 평화롭지 못했고 끊임없이 전쟁이 일어났다.

새에 대해 아무런 지식도 없던 상태에서는 그냥 새들이 사이좋게 지내는 것처럼 보였지만, 책을 읽고 나서는 새들의 행동이 무엇을 뜻하는지 알게 되었다. 그래서 사이좋은 한 쌍은 남겨두고 짝 없는 수놈을 따로 분리를 시켰다. 그리고 책에서는 굴 껍질이나 조개껍질 등의 칼슘과 생계란 노른자를 좁쌀에 비벼서 주면, 새들에겐 최고의 정력제가 된다고 적혀 있었다.

칼슘은 계란껍질을 바싹 햇볕에 말린 후에 갈아서 넣어주고, 좁쌀에 계란 노른자 두 개를 넣어서 비빈 후에 그늘에 말리고 부드럽게 손으로 부숴서 먹이통에 넣어 주었다. 5일 동안 천연비아그라 좁쌀을 먹은 수놈은 앞뒤 없이 바짝 달아올라서, 온몸의 털을 부풀리고 암놈 앞에서 소리를 지르며 눈은 초점 없이 정신을 차리지 못하고 있었다.

며칠 후 두 시간 넘게 조용하게 지켜본 결과 수놈이 암놈에 올라타는 것이 보였다. 책에서 본 대로 바로 계란 노른자를 섞어 넣어 준 먹이를 빼고 일반 먹이로 교체해 주었다. 그리고 한 일주일 후부터 암놈은 둥지 안에 들어가서 나오질 않았다. 나는 들뜬 기분으로 신문지 한 장을 새장 앞에 테이프로 붙여서 막아 놓았다. 먹이와 물을 갈아줄 때 외에는 가까이 가지도 않고 최대한 조심스럽게 관리를 했다.

한 달 후쯤 찍찍대는 새끼 소리가 나기 시작했고, 수척한 모습의 암놈이 수시로 먹이통과 물통을 넘나들며 먹이를 물고 둥지 속으로 들락날락거렸다. 며칠이 더 지난 후에는 새끼들 소리가 서로의 경쟁 때문인지 굉장히 크게 들렸다.

한 일주일 후에는 둥지로 새끼들의 쫙 벌린 주둥이들이 서로 경쟁을 하면서, 입을 벌리고 있는 모습을 보게 되었다. 바라보는 것만으로도 심장이 두근거리고 긴장이 되면서 그 모습이 매우 사랑스럽게 느껴졌다. 모든 새끼들이 다 예쁘고 귀엽다고는 하지만, 특히나 조그만 십자매 새끼들은 내 심장을 저절로 쿵쿵 뛰게 만들었다. 보는 것만으로도 사람을 긴장시키기에 충분했다.

새끼들이 어느 정도 성장을 해서 둥지를 나오지 않고, 머리를 내밀고 고개를 갸우뚱 하는 것이 보일 때쯤에 나는 새끼 두 마리를 꺼냈다. 긴장한 탓인지 전혀 움직이지 않았다. 어두운 곳으로만 파고들기 시작하는 새끼들을 조그만 식기 안에 화장지를 깔고, 서로의 체온으로 몸을 녹일 수 있도록 바짝 붙여 놓았다. 좁쌀을 조그만 우황청심환 빈 통에 넣은 다음, 미지근한 물에 불려서 빨대를 잘라서 다음 날부터 입에 가까이 대 주었다. 하루가 지난 후라 배가 고팠는지 한 번 받아먹기 시작하더니 빨리 달라고 난리가 났다.

며칠이 지난 후 부터는 나만 보면 밥 달라고 쩍쩍대면서 날개를 파르르 떨었다. 자기를 똑바로 보고 먹이를 달라는 듯이, 두 마리가 서로 자기의 머리를 들이밀며 정신없이 달려들었다. 그렇게 정성을 다해서 금이야 옥이야 하며 키운 새끼 두 마리가, 두 달 후부터는 방에서 나를 향해 날아오기 시작했다.

내가 우황청심환 통 안에 좁쌀을 항상 들고 다니면서 입으로 소리를 내어서 새들을 부르면 신기하게도 알아듣고 날아와서 손 위로 올라왔다. 초롱초롱 맑은 눈망울로 날아온 새에게 우황청심환 통을 손가락으로 막아놨다가 열어주면, 기차게 먹이를 쪼아 먹었고 다시 손가락으로 닫으면 자기 자리로 돌아갔다.

세 마리의 십자매가 고시반으로 이사를 와서 새끼들을 까기 시작하더니, 나중에는 너도나도 새끼들을 길들여서 키웠다. 한동안 십자매들의 재롱에 시간가는 줄 모르고 살았다. 책상에서 한참을 집중해서 공부를 하다가도 새끼들이 밥 달라고 날아오면 마음이 푸근해져서, 그들과 교감을 하며 생명의 경이로움을 느낄 수가 있었다.

식구들이 점점 불어난 십자매들은 결국 공장에까지 분양이 되었다. 몇 년 후에는 공장과 훈련장 곳곳에 새들이 날아다니며 항상 메말라있던 우리들의 가슴속을 따뜻하게 열 수 있도록 날마다 아름다운 합창으로 화답을 해 주었다. 그 노랫소리는 우리의 마음을 차분하게 가라앉혀 주는 진정제 역할을 톡톡히 해주었다.

제5부 싱싱한 생각

이제는 새들의 몸짓과 울음소리만으로도 그들이 무엇을 원하는지 알게 되었고, 자연스럽게 나는 새 박사로 통하면서 새와 친구가 되었다.

어느 날은 잉꼬가 새끼를 낳았는데 말까지 하게 길을 들였었다.
"안녕하세요. 부자 되세요. 상덕 형님."
어려운 단어와 긴말을 정확하게 발음하는 잉꼬들을 보고 모두들 혀를 내둘렀다. 잉꼬는 구관조가 아니기 때문에 말을 한다고 하면 믿지 않겠지만, 정말 나는 그렇게 조류가 말할 수 있도록 교육시켜서 칠 년 동안 애지중지하며 동고동락을 했다.

49 가족 만남의 날

소풍 가기 하루 전날처럼 밤새도록 몸을 이리저리 뒤척이며, 어머니와 누나를 만난다는 생각에 뜬눈으로 밤을 지새우고 드디어 기다리고 기다리던 대망의 아침이 밝아왔다.

이곳에서 열리는 '가족 만남의 날' 행사에 나도 대상자로 포함이 되었다. 오늘 만남의 날 행사에서 어머니와 누나와 한 시간이 넘는 시간 동안 손을 잡고 음식을 먹으면서 함께할 수 있다는 것은, 이곳에 있는 나에겐 꿈같은 일이다. 절박한 곳에서 힘든 시간을 보내다 보니 가장 보고 싶고 생각나는 사람이 바로 가족이다.

사회에 있을 때는 언제든지 마음만 먹으면 가족들을 만날 수 있었기에, 집에도 자주 가지 않았었다. 항상 어머니가 먼저 내게 전화를 하거나 아니면 누나가 먼저 전화를 해서 통화를 하다가, 어머니를 바꿔주면 그때서야 고작 몇 마디 말만 나눴었다. 그런데 이곳에서 몇 년을 보내고 나니 피가 왜 물보다 진한지를 알게 되었다. 나를 배 아파 낳으신 내 어머니와 피가 섞인 내 누나가, 나를 가장 많이 걱정하고 염려하고 있다는 것을 알게 되었다.

미결 신분에서 재판을 모두 끝내고 기결수로 확정이 되면 분류심사를 하게 되는데, 죄명이나 형량 합의 관계 등을 종합하여 등급이 결정된다. 4등급부터 1등급 사이에서 분류가 되는데 통상 S1, S2, S3, S4등급의 네 종류로 분류가 되면서 책임 점수가 생긴다. 그 책임 점수를 다 소멸시키면 S4에서 S3등급으로 또 S3등급에서 S2등급으로 한 단계씩 진급을 하게 되며, 보통 S2등급부터 모범수로 분류되어 많은 혜택을 받게 된다. 그중 하나가 바로 가족 만남의 날 행사이다.

며칠 전부터 두근대던 마음이 막상 당일이 되니 제법 많이 진정되고 많이 차분해졌다. 아침 일찍 일어나니 밤새 잠을 못 잔 탓에 많이 피곤했지만, 설레는 마음으로 상쾌하게 샤워를 하고 나오니 잠도 확 깨고 시원했다.

벌써 며칠 전에 집에 편지를 해서 먹고 싶은 음식들을 이것저것 생각나는 대로 적어서 보냈다. 막상 당일 아침이 되고 나니 먹고 싶은 것들이 더 많이 생각이 났다. 어머니와 누나를 만나는 기쁨보다는, 몇 년 동안 먹지 못했던 음식들을 먹고 싶다는 생각에 더 많이 설레었던 것 또한 사실이다.

징역을 살게 되면 가장 고통스러운 것이 음식에 대한 욕구이다. 평소 안 먹던 떡이 그렇게 맛있고, 사회에 있을 때는 소화가 안 된다고 잘 먹지도 않던 고기도 자꾸 생각이 났다. 그렇기 때문에 면회를 할 때 그동안 먹고 싶었던 것들을 다 먹어야겠다는 생각 때문에, 아침은 대충 요기만 하는 정도로 간단하게 먹었다.

며칠 전에 미리 준비해 놓은 모범수 옷을 깨끗하게 갈아입고, 시원한 스킨을 얼굴에 탁탁 쳐서 발랐다. 이제는 기다리기만 하면 된다.

11시부터 직원들이 명단을 들고 해당이 되는 수형자를 찾아서 준비 시키고 강당으로 데리고 갔다. 드디어 나를 찾아온 직원들을 따라서 대강당으로 가니 모두 모여 가족들을 기다리고 있었다. 나뿐만이 아닌 많은 수형자들도 가족들을 만난다는 생각에 들떠 있었다. 정말 사회에서는 아무것도 아닌 것들이 여기서는 이토록 애절하고 절박하게 느껴졌다. 잠깐 몇 년 동안 가족과 헤어져 살고 있는 나의 마음도 이러한데 남과 북에서 그 오랜 세월 동안, 분단된 민족의 아픔으로 떨어져 살고 있는 이산가족들의 그 한 맺힌 심정은 이 세상 그 어떤 말로도 표현을 할 수 없을 것 같다.

나는 지난 몇 년간 어머니를 유리벽 사이에 두고, 면회 때 잠깐밖에 볼 수 없었던 처지라서 마음이 너무 아팠다. 그런데 이렇게 실제로 내 눈앞에 있으니 행복한 마음이 들기도 하지만, 한편으로는 내 가슴이 더욱더 먹먹했다.

대강당에는 미리 직원들이 숫자에 맞게 깔아놓은 담요들이 바둑판처럼 펼쳐져 있었다. 가족들이 도착해서 교도소 입구에서 간단하게 가져온 음식들과 반입품 검사를 받고, 큰 문을 통과하여 긴 복도를 걸어서 우리가 모여 있는 대강당에서 만나게 된다.

미리 담요에 내 이름이 적혀 있는 곳을 확인했기 때문에, 들어가면서 그쪽을 바라보니 어머니는 입구 쪽으로 막내아들이 오는 것을 쳐다보고 있다. 옆에 있는 누나는 벌써부터 찬합과 도시락을 담요 위에 펼쳐 놓느라 정신이 없었다. 어머니와 눈이 마주친 그 순간부터 이미 나의 눈에는 아무도 보이지 않았다. 빠른 걸음으로 달려가서 꼭 껴안았고 뜨거운 눈물을 흘리는 어머니를 겨우 자리에 앉히고 큰절을 올렸다. 어머니를 향해서 큰절을 하는 순간 내 자신이 불효자라는 것을 절실하게 느낄 수 있었다. 그리고는 두 번 다시 내 사랑하는 어머니의 가슴을 아프게 하지 않겠다는 다짐을 하였다.

어머니와의 재회를 하는 동안 누나가 손 빠르게 차려놓은 음식들은, 웬만한 잔칫상보다도 더 화려했다. 내가 얘기했던 것보다도 더 많은 음식들이 펼쳐져 있었다. 며칠 전부터 준비한 음식이라서 내가 좋아하는 모든 것들이 다 있었다. 누나들 중에서 셋째누나의 음식솜씨는 정말 일품이기 때문에, 모든 음식들이 보기에도 휘황찬란하기만 했다. 더군다나 점심 때 많이 먹겠다는 생각으로 아침까지 적게 먹었기 때문에, 모든 음식을 욕심껏 많이 먹을 수 있을 것 같았다. 하지만 막상 진수성찬으로 차려놓은 밥상 앞에서 내 기분이 들떠 있어서 그런지, 왠지 모르게 헛배만 부르고 내 생각과는 달리 음식이 입으로 잘 들어가지가 않았다.

어머니하고 누나하고 이런저런 가족들 이야기하느라 정신도 없었고, 기분이 계속 업이 되면서 음식들은 크게 눈에 들어오지 않았다. 그나마 누나가 가져온 산삼을 건네줘서 먹었다. 이것저것 가져온 음식들은 형식적으로 맛을 보며 이야기를 한참 하고 있는데, 한 시간의 시간이 훌쩍 지나가서 행사를 곧 마친다는 안내방송이 흘러나왔다.

웃고 있던 어머니가 방송 소리에 불안한 눈빛으로 울먹울먹 하였다. 누나는 나에게 하나라도 더 먹이려고, 젓가락으로 음식을 집어서 입에 넣어 주는데도 도저히 내 입으로 넘어가질 않았다.

마음은 너무 아쉽지만 벌떡 일어나서 어머니에게 큰절을 하고, 따라 일어서는 어머니를 꼭 끌어안았다. 이 마음 그대로 사회에 나가면 정말 효도하리라는 생각밖에는 들지 않았다. "어머니 사랑합니다.", "아들 사랑한다." 꼭 껴안은 팔을 풀고 나오는 길에 돌아보니 두 분 다 서서 울면서 나를 지켜보고 있다.

나도 손을 흔들며 웃고 있었지만, 나 역시도 눈물이 금방이라도 터져 나올 것 같아 꾹 참으며 마음을 다잡았다. 언제 또다시 나에게 이런 기회가 오게 될 수 있을지 기약이 없기 때문에, 아쉬운 마음이 들어서 돌아오는 발걸음은 너무나 무거웠다. 가족 만남의 날 행사를 마치고 고시반으로 돌아와서도, 오후 내내 마음이 진정이 되지 않았다.

저녁에 밥상 앞에 앉게 되면서 나는 다시 현실로 돌아왔다. '아니 오늘 내가 대체 무슨 미친 짓을 한 것인가! 그동안 내가 그렇게 먹고 싶어 했던 맛있는 음식들이었다. 고기들, 과일들, 대게와 장어 등, 내가 정말 미쳤지!' 그 많은 음식들을 손도 안 대고 그대로 남겨두고 오다니, 이건 정말 있을 수 없는 일이다.

며칠 동안 남겨두고 온 맛있는 음식 생각에 억울해서 잠도 이룰 수가 없었다. 밤에 잠을 자려고 자리에 누우면, 천장에 맛있는 산해진미들이 두둥실 떠다니면서 나를 괴롭혔다.

50
된장과 호박잎

오늘 갑자기 당황스러운 일이 생겼다. 낮에는 출역을 해서 아침저녁으로만 뵙던 큰형님이 무슨 일 때문인지, 오늘 하루는 출역을 안 하고 방에서 쉰다고 했다. 주권이 형은 공장에서 일을 하고 있고, 고시반은 하루 종일 사동에서 공부를 하기 때문에 내가 식사를 준비하게 하게 되었다.

주권이 형은 아침부터 큰형님의 식사가 염려가 되는지, 나를 상대로 이것저것 당부 아닌 당부를 하느라 정신이 없다. 나도 마음은 최고의 스페셜 코스 요리로 준비를 해서 맛있는 점심을 대접하고 싶지만, 이곳에서는 재료의 한계가 있으니 안타까운 마음뿐이다. 그렇다고 해서 그냥 그렇게 맛없는 음식을 차릴 수가 없어서 최대한 많은 고민을 하였다. 텃밭으로 뛰어가서 간단하게 상추와 쑥갓을 뜯고 된장을 준비한 것이 전부였다.

워낙에 소식을 하기 때문에 밥은 조금만 준비하면 된다고 주권이 형이 당부를 했지만, 나는 정신이 없어서 모두 잊어버리고 밥을 고봉으로 펐다. 그런데 오전 내내 궁리한 끝에 차린 밥상치고는 너무나 미흡해 보였다. 상에 차려진 반찬을 쳐다보던 나는 다시 텃밭으로 뛰어갔다. 텃밭 옆 싱싱하게 넝쿨이 우거져 있는 호박잎을 맨 끝의 연하고 작은 것들로 뜯어서, 뒤에 있는 연한 솜털 같은 가시들은 껍질을 까서 버렸다. 그리고 펄펄 끓는 물속에 데쳐서 찬물에 깨끗하게 헹구어서 손으로 꾹 눌러서 물기를 짰다. 원래 호박잎은 쪄서 먹어야 하지만 형편상 뜨거운 물에 데쳤다. 상추와 쑥갓 옆에 깔끔하게 올려서 상을 들고 큰형님 방으로 들어갔다. 예전에 어머니가 항상 호박잎을 밥솥에 쪄서, 밥 먹을 때 된장에 싸 먹었던 것이 생각이 나서 급하게 호박잎을 준비했다.

정신없이 준비한 것에 비해 들고 들어가는 밥상은 너무 초라했다. 솔직히 준비를 하려고 마음만 먹으면 이것저것 맛있게 준비를 할 자신도 있었지만 워낙에 불법 자체를 용납하지 않는 큰형님의 성품을 알기에, 그냥 관에서 나오는 국과 밥 그리고 야채로 차린 밥상이라 조촐할 수밖에 없었다.

어느 정도 시간이 흐른 뒤에 상을 치우려고 큰형님 방으로 가는데, 문득 아침에 주권이 형이 당부하던 말들이 하나씩 생각나기 시작했다. 무엇보다도 형님은 소식을 하니 밥을 조금만 준비하라고 했던 말이 떠올랐다. 그런데 나는 밥상을 들고 나오면서 내 눈을 의심했다. 실수로 밥을 많이 펐는데 밥알이 한 톨도 남아 있지 않았다. 긴장을 한 채 큰형님을 제대로 쳐다보지도 못하고 밥상을 들고 나오는데, 큰형님이 "상덕아, 오늘 밥 정말 맛있게 잘 먹었다."라고 말을 했다.

제5부 싱싱한 생각

저녁에 주권이 형이 설거지를 끝내고 나를 찾아와서, 큰형님이 점심식사를 정말 맛있게 잘 먹었다고 말을 했다면서 도대체 무슨 반찬을 차렸냐고 물었다. 자신이 십 년 동안 식사 준비를 하면서도 한 번도 들어보지 못한 칭찬을 했다고 하며 궁금해했다. 특별난 것 없이 관에서 나온 밥, 국, 김치, 그리고 내가 따로 더 준비한 음식은 상추, 쑥갓, 된장과 호박잎뿐이었다. 차린 것은 별로 없었지만 큰형님의 칭찬을 들으니 마치 어린아이처럼 기분이 정말 뿌듯하고 좋았다.

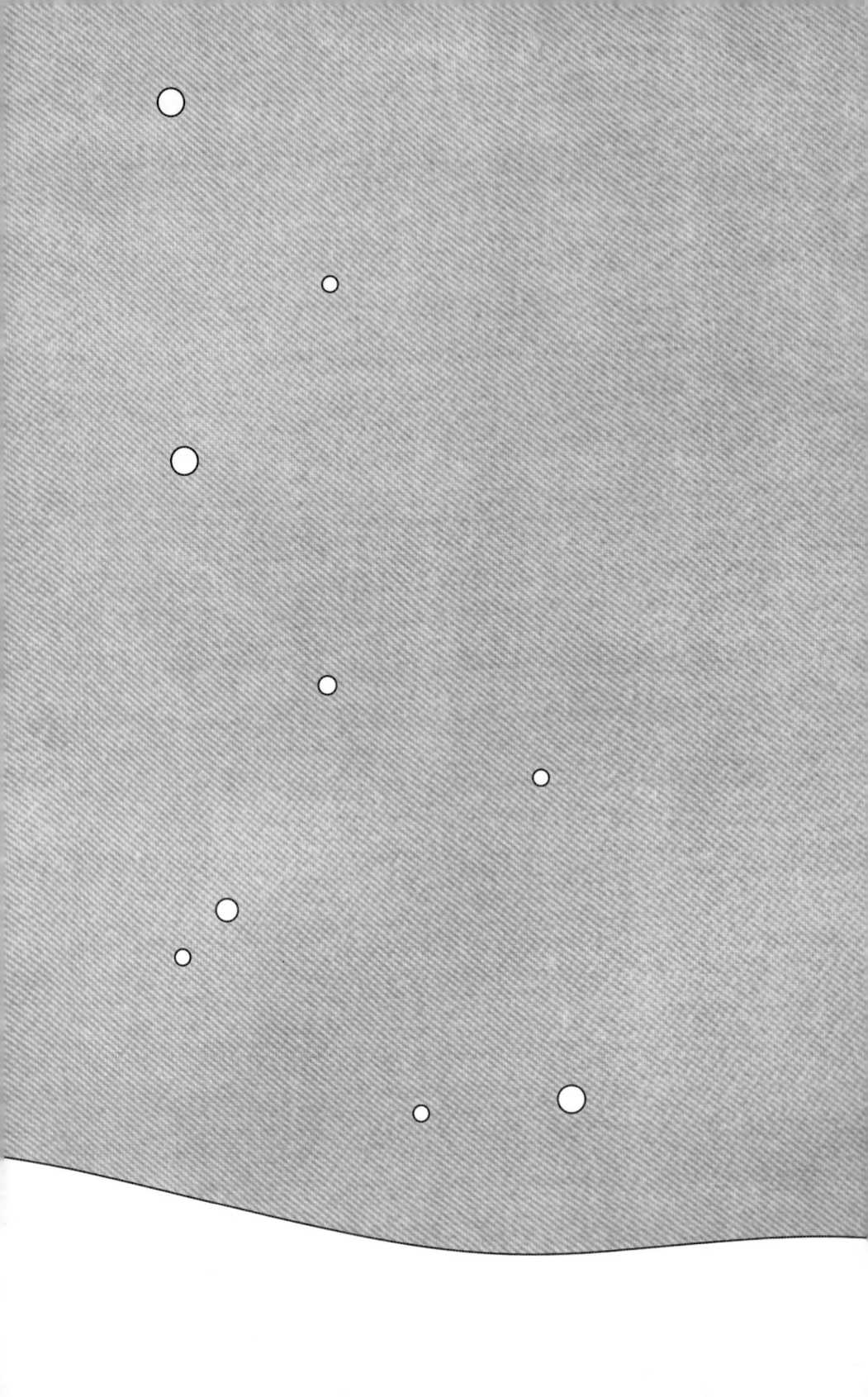

제6부

눈사람 미역국

51
기적의 요로법

고등학교 공부와 대학교 공부는 내가 생각했던 것보다 많은 차이가 있었다. 그동안의 고검공부는 독학으로도 충분했었다. 하지만 독학사는 혼자 공부하기가 쉽지가 않았다. 한동안 책을 보면서 혼자 미로 속을 헤매고 있다는 생각이 들 정도로, 내용이 어려워서 집중이 잘 되지 않았다. 그나마 나는 책 보는 것을 즐겨하기에 국어국문학을 선택했다. 잘할 수 있을 거라는 막연한 생각에 독학사공부를 시작하였지만, 의욕으로만 할 수 있는 공부가 아니었다.

다시 모든 것을 내려놓고 초심으로 돌아가서 나보다 먼저 공부를 시작한, 창식 동생에게 처음부터 하나씩 다시 배우기 시작했다. 오전과 오후에는 시험 준비생들을 데리고 공부를 하고 저녁이 되면 국문학 공부를 했다. 몸이 힘들고 지칠 때마다 이곳이 전쟁터라는 생각으로, 지치거나 방심하면 죽을 것처럼 책하고 싸우기 시작했다. 항상 책에게 항복을 하고는 지쳐 잠이 들곤 했다.

그런 날들이 계속되고 있던 중에, 건강만큼은 가장 자신 있어 하던 나에게 몸에서 이상 신호가 오기 시작했다. 몸에 피로가 너무 쌓여서 항상 피곤하고 잠도 오지 않았고, 밥을 조금밖에 안 먹는데도 소화가 잘 되지 않았다. 한동안 몸이 많이 무겁고 머리도 무겁다는 생각이 들더니, 원형 탈모가 오백 원짜리만 한 크기로 뒤통수에 두 개나 생겼다. 원형 탈모가 작을 때는 몰랐었는데 한번 그 사실을 알게 되니 매일 두피가 신경이 쓰였다.

앞뒤로 두 개의 거울을 들고 새우 눈을 뜨고 탈모 범위가 커지지는 않았는지 확인을 하면서 스트레스를 두 배로 더 받기 시작했다. 의무과에서도 스트레스라고, 마음을 편하게 하라는 말 밖에는 하지 않았고 달리 무슨 방법이 없다고 했다. 몸에 피로가 많이 쌓였다는 것은 나 자신도 느낄 수가 있었기 때문에, 잠을 일찍 자려고 애를 써보아도 아무런 소용이 없었다. 무조건 해내야 된다는 강박관념이 떠나질 않았고, 무엇보다도 잠이 오지 않아서 매일같이 누워서 뜬눈으로 보내는 것이 가장 문제였다.

한동안 그렇게 버티는 날들이 지속되자, 나로서도 도저히 참지 못할 정도의 한계가 왔고 드디어 최후의 선택을 하게 되었다. 같은 방에서 공부를 하고 있던 무기수가 내 머리의 원형 탈모를 보고는 몇 번이나 요로법을 추천했었지만 난 그냥 웃으면서 지나쳤었다. 그런데 이번에는 요로법을 해보기로 마음을 먹었다.

다른 것은 다 참을 수 있었지만 계속 머리가 빠지는 것은 도저히 참기가 힘들었다. 무엇보다도 머리를 쳐다보면서 스트레스를 너무 많이 받고 있는 내 자신이 싫었다. 이제는 어떤 체면이나 똥오줌 가릴

처지가 아니라는 생각이 들었다.

'일단 해보자.'라는 생각으로 머리맡에 컵을 하나 준비해 두고 오지도 않는 잠을 억지로 청했다. 밤새도록 뒤척이며 잠들 만하니 아침이 되었다. 일어나자마자 머리맡에 두었던 컵을 들고 화장실로 가서 소변을 받았다.

처음 나오는 오줌은 그냥 흘려버리고 중간에 나오는 오줌은 컵에 받았다. 코를 막고 미지근한 소변을 입에 한 모금 머금는 순간 바로 뱉어 버렸다. 생각보다 냄새가 많이 나지 않았지만 속에서 울컥하고 받지를 않아서 그냥 뱉어 버리고 말았다. 오줌을 더럽다고 생각하면서 평생을 살아와서 그런지, 아무리 약이라고 해도 몸에서 거부를 하며 입에서 목으로 넘어가질 않았다. 그냥 포기해야겠다고 생각을 하면서도 특별한 방법을 찾지 못하고 몸은 점점 무거워졌다. 공부가 간절하다는 생각이 들면서 내일 아침은 무조건 마셔야겠다는 생각을 했다. 하지만 절박한 내 마음처럼 내 입과 코도 너무 절박하게 오줌 냄새를 거부해서 또 그냥 쏟아 버렸다.

나에게 요로법을 권했던 무기수에게 도저히 비위가 약하고 역겨워서 못 마시겠다고 했더니, 우유를 타서 마셔 보라고 방법을 알려줬다. 정말 마지막이라는 생각으로 오줌을 받은 다음 우유를 타서 입으로 가져갔다. 우유를 타서 그런지 냄새도 안 나고 목으로 쉽게 넘어갔다. 역겨워도 약이라고 생각을 하니 참을 수가 있었다. 이게 아니면 딱히 다른 방법도 없으니 꼭 이겨내야 한다는 절박함이 오줌을 꿀꺽꿀꺽 삼키게 만들었고, 바로 양치질을 하면서 내 자신을 달랬다.

그렇게 한 일주일을 억지로 참으면서 오줌을 마시고 나니, 일주일 후부터는 오줌을 마시고 한 삼십 분 정도 있으면 속이 부글부글 끓다가 설사가 나오기 시작했다. 설사도 그냥 평범한 설사가 아니었다. 마치 하수도 구정물처럼 새까만 색이었고 양도 장난이 아니었다. 내 배 속에 그리도 많은 양의 숙변이 있었는지 당황스럽기까지 했다.

냄새도 얼마나 고약한지 방 사람들 얼굴이 노란 것이, 대놓고 말은 안 해도 눈빛은 자기 부모 때려죽인 철천지원수를 보는 눈빛이었다. 그렇게 며칠 엄청난 양의 숙변이 빠지고 난 후, 점점 설사양이 작아지고 냄새도 그렇게 많이 나지 않았다. 그리고 몸이 굉장히 가벼워지면서 얼굴에 다크서클이 점점 사라지기 시작했다. 밥맛도 좋아지면서 머리도 가볍고 잠도 잘 오기 시작했다.

가장 좋은 점은 소화가 잘 되고 대변도 시원하게 잘 보는 것이었다. 잘 먹고 잘 싸기만 해도 행복하다는 말을, 몸을 통해서 경험을 하며 깨달을 수 있었다. 당연히 잘 먹고 잘 싸다 보니 배도 들어가고, 숙변이 다 빠져 버린 몸은 혈액순환이 원활해지면서 많이 가벼워졌.

남들이 뭐라고 하든 말든 내 목표만 생각하면서 두 눈 질끈 감고 마셨던 오줌이, 이제는 우유도 필요 없이 컵에 받아서 바로 마실 정도가 되었다. 『기적의 요로법』이라는 책을 통해 오줌에 대한 안 좋은 인식을 버리게 되면서, 나에게는 내 오줌이 최고의 생명수가 되었다.

더럽다고 생각했던 오줌은 사실 더럽지 않고 깨끗한 생명수이다. 통상적으로 오줌은 노폐물 성분이 많다고 알려져 있었지만 그렇지 않으며, 현재 일본과 영국 등 선진국에서는 요로법이 흔히 쓰이는 방법이고, 자연스럽게 많은 사람들이 하고 있는 최고의 건강관리 요법 중의 하나이다.

　지금은 한국의 의사들도 오줌 성분을 분석하고 연구해서 오줌에 좋지 않은 성분이 없다는 것을, 과학적으로 입증을 하고 있고 요로법 인구도 매년 늘어나고 있는 추세이다.

　요로법을 시작한 지 불과 3개월 만에 오백 원짜리보다 더 크게 번지고 있던 원형 탈모 자리에 잔디가 올라오듯이 새까만 머리들이 빳빳하게 올라오면서, 예전보다 더 건강한 모발 상태가 되었다.

　직접 내 자신이 확실한 효과를 경험하게 되면서 나는 요로법에 대한 강한 확신이 생겼다. 다른 것 다 떠나서 요로를 하게 되면 가장 먼저 변비가 없어진다. 장이 편안해지고 대변을 남김없이 100% 시원하게 볼 수 있었다. 그것 하나만으로도 인간은 최고의 건강을 유지할 수가 있다.

　암이나 불치병을 요로법을 통해서 회복했다는 후기를 인터넷에서도 찾아볼 수가 있다. 나는 확실하게 원형 탈모, 다크서클, 그리고 불면증과 몸이 무겁고 항상 피곤했던 만성피로가 다 없어졌다. 사람마다 다를 수는 있겠지만 나에게는 최고의 민간요법이었다.

　의외로 이곳에 있는 무기수나 장기수들이 개인의 건강관리를 위해서 많이 하고 있는, 최고의 건강관리 비법 중의 하나이다.

　최악의 절박한 곳에서 살기 위해서 찾은 방법이, 결국은 자신의 몸에서 나오는 오줌이었다. 그 어떤 약보다 내 몸에서 나를 치료하고자 나오는 오줌이, 나의 최고의 명약이었다. 요로법 덕분에 다시 정상적인 컨디션을 찾게 되면서, 머리로 안 들어오던 공부도 시원시원하게 머릿속으로 쏙쏙 잘 들어왔다. 무엇을 하든 건강이 가장 중요하다는 것을 다시 한 번 절실하게 느낄 수 있는 시간이었다.

좋은 환경의 최고급 처방만이 최고의 약이 되는 것은 아니다. 결국 모든 생각은 내 마음속에서 비롯되는 것 같다. 무기수가 이미 자기의 몸으로 경험했던 것이기에 확신을 가지고 나에게 추천을 해주었다. 나는 그의 말을 그 어떤 의사의 말보다도 신뢰할 수 있었기 때문에, 요로법을 실행할 수가 있었다.

만약 내가 신뢰할 수 없었던 사람이 요로법을 권했더라면, 아마도 나는 냄새 나는 오줌을 우유가 아닌 꿀에 탄 것이라 해도 마시지 않았을 것이다. 다시 생각해보아도 그 당시 요로법은 나에게 큰 기적이었다.

52
큰 소나무

　오후 시간이 되어 폐방을 할 때면 항상 큰형님이 먼저 공장 문을 나선다. 방으로 가는 큰형님께 인사를 하는 것으로 나의 하루 일과는 마무리된다. "큰형님 편히 쉬십시오." 하고 인사를 하면 항상 고개만 끄덕이던 큰형님이, 어느 날은 "상덕아, 썩은 나무는 조각을 할 수 없다."라는 말을 했다. 마땅한 대답이 떠오르지 않아서 "예, 형님." 하고 돌아섰지만, 아무리 생각해도 무슨 뜻인지 쉽게 이해가되지 않았다. 내가 현재 어떤 잘못을 한 것도 아닌 것 같고, 나를 쳐다보는 눈빛에서는 그 어떤 불편함이나 노여운 표정도 보이지 않는다. 큰형님이 했던 말이 무슨 뜻인지 몰라서 그때는 이곳에서 좋은 것만 보고 배우라는 말로 새겨듣기로 했다.

　그 뒤로 13년이란 세월이 지난 얼마 전에, 한 사동에 있던 동생이 재판을 모두 끝내고 실형이 확정이 되었다. 나는 떠나는 동생의 손을 잡고 무의식적으로 "썩은 나무는 조각을 할 수 없다."라고 말하며 동생의 손을 꼭 잡아 주었다. 항상 씩씩한 모습의 동생이라서 정이 많이 들었고 헤어진다는 것이 가슴이 아팠다. 그래서 나도 모르게 나온 말인데 문득 예전에 큰형님이 나에게 했던 말이라는 것이 생각나서 가슴이 뜨거워졌다.

그때 큰형님의 마음은 아마도 지금의 내 마음처럼 동생의 앞날이 고생길이 아닌, 지금보다 편한 곳에서 좋은 인연들만 생기기를 바랐다는 것을 짐작할 수 있었다. 지금의 모습을 기억하고 훗날 다시 만날 수 있기를 바란다는 큰형님의 말이 마음에 와 닿으면서 가슴이 먹먹해지기 시작했다.

시간이 아무리 지나도 진심을 담아 건넨 말 한마디는, 머리에서는 기억을 못 해도 가슴은 기억을 해내는 것 같다.

십 년이 훨씬 지난 지금 내가 얼마만큼 썩어 있는지를 판가름하기는 어렵겠지만, 아마 그때 큰형님에게 이 말을 처음 들었을 때보다는 많이 썩었을 것이라는 생각이 든다. 그리고는 밤새도록 내 자신이 그동안 걸어왔던 길을 천천히 되짚어 보게 되었다.

마침내 썩어있던 부분들을 파서 도려내고 연고를 바르면서 새살이 돋아날 수 있도록 치료를 해 주었다. 그 자리를 외면하고 지나치게 된다면 아마 썩은 곳에 고름이 생겨서 더 많이 썩어갈 것이다. 하지만 아직 뿌리까지 완전히 썩지 않았을 때 내 마음의 썩은 상처를 찾아볼 수 있다는 것은 정말 감사한 일이다.

오래전에 나의 미래를 내다보며 큰형님이 했던 말이 그때는 크게

와닿지 않았지만, 지금에 와서 가슴이 쿵 하고 떨어지는 느낌으로 크게 다가왔다는 것에 벅찬 감동이 밀려왔다. 절대 썩지 않으리라. 모든 것들이 다 썩어버려도 내 자신을 더 절제하고 단련하면서, 더욱 푸르게 내 자신을 가꾸고 사랑하리라.

　멀리 보이는 큰 소나무가 마치 그때 형님의 모습처럼, 강건하고 웅장하게 내 마음에 와 닿았다. 마치 그때 그날처럼…….

53 씀바귀

　입춘도 지나고 3월의 중순에 들어서고 있지만 아직까지 아침저녁으로는 제법 쌀쌀한 바람이 불고 있다. 이주일 만에 모포건조를 했는데 전에는 볼 수 없었던 씀바귀 잎사귀들이, 양지바른 곳에서 보라색과 섞여서 새록새록 올라오고 있다. 늘 세상의 흐름을 따라가지 못하는 것이 이곳의 현실이지만, 계절만큼은 뒤처지지 않고 빨리 알아차리는 것 같다.

　몇 줄기 되지도 않는 씀바귀를 찬물에 담가 놓고, 봄을 입으로 가장 먼저 느낄 수 있겠다는 기대를 하면서 쳐다보고 있는데 옆자리에 누워있던 동생이 웃으면서 한마디를 한다. "형님, 저도 나중에 한 입 주실 거죠." 이까짓 것이 뭐 그리 대단한 것이라고 안 주겠는가 싶기도 하지만, 웃자고 하는 소리라서 나 역시 한마디 했다. "밥 먹을 때까지 생각해 보고." 대답을 하고 나서 서로 하하 웃었다. 한 살 차이

가 나는 막역한 사이의 동생과 나는 이렇게 작은 것에도 웃으며 이야기할 수 있었다.

나에게 이렇게 잊지 못할 소중한 기억들이 많이 간직된 곳이, 하필이면 많고 많은 장소 중에 왜 교도소였는지 하는 생각이 들 때면 가끔은 내 자신이 몹시 씁쓸해지기도 한다.
요즘 몇 날 며칠 아동학대를 비롯해 끔찍한 사건사고들이 신문과 뉴스에 도배질을 하더니, 오늘 신문에서는 얼마 전에 구속 되어서 '정치탄압'이라고 외치며 날고 기는 정치인들의 배웅을 받으며 당당하게 구속이 된 한명숙 전 총리의 영치금 이백오십만 원을 추징했다는 뉴스를 보았다. 한 나라의 재상까지 지낸 분이 도대체 이 무슨 창피한 일인가! 그 돈을 추징당하기 싫어서 미리 남편 명의로 다 바꾸어 놓고, 돈이 없다고 말을 하는 모습이 너무 실망스럽다. 그러니 악에 받친 검찰은 영치금까지 빼내가고 그분은 그 돈 빼갔다고 "치졸하다"고 하니 또 왜 그런 말은 하는 것인지 이해가 되지 않았다.
대체 어떤 사람이 더 치졸한 것인지, 과연 그런 말을 하는 사람을 국민들은 좋은 마음으로 바라볼 수 있을지 의문이다. 그분은 뉴스를 보는 사람마저도 치졸하게 만들 수 있는, 그런 대단한 재주를 가졌다고 밖에는 달리 뭐라 할 말이 없다.

영치금이란 쉽게 말하면 수형자들이 음식이나 생필품 등을 교도소에서 살 수 있도록 수형자 가족들이 교도소에 맡겨둔 돈이다. 수형자들은 자기의 영치금으로 음식물의 경우 하루에 이만 원 한도 내에서 물품을 구매를 할 수 있다.

구매 신청서를 받은 구매부에서는 음식물을 넣어주고 음식물 금액만큼 차감한다. 음식물은 구매의 한도가 있지만, 도서나 의류 등은 사용 한도 제한이 없다. 그렇다고 무조건 많이 살 수 있는 것은 아니다. 돈의 사용 한도가 없는 대신에 물건의 보유수량에 한계가 있기 때문에, 한 번에 대량으로 구매를 할 수는 없다.

예전에는 가족들이 교도소에 면회를 와서 영치금을 넣어주거나, 우체국에 가서 우편환으로 송금해 주는 방법이 전부였다. 요즘에는 수형자 개개인마다 가상계좌를 만들어 놓았기 때문에, 가족들은 언제라도 ATM이나 인터넷 뱅킹으로도 영치금을 보내줄 수 있게 되었다. 또한 보유하고 있는 영치금 금액이 많거나 그 돈이 필요한 경우에는, 허가를 받아서 가족들에게 자신의 영치금을 보낼 수도 있다.

옛날 같으면 꿈에도 생각지 못하던 일들이다. 이렇듯 영치금은 수형자들의 생계가 연결되어 있는 아주 중요한 수단이다.

교도소에서도 돈이 없으면 살기가 어렵다. 모든 생필품을 구매해서 사용하기 때문에 돈이 없는 사람은 곤란한 입장이 된다. 전 한 총리는 유명한 정치인이라서 영치금을 추징한 것이 신문에 나온 것이지만, 일반 수형자들이 추징금 선고를 받으면 검찰은 한마디의 말도 없이 조용히 빼내간다. 범죄 수익금이기 때문에 환수해서 국고로 돌아가는 것은 당연하다. 국고로 환수되어 들어가는 돈이기 때문에 일반 수형자들은 검찰이 아무 말 없이 빼내가도 당연하다고 생각하지, 감히 치졸하다는 말 따위는 하지 않는다. 하지만 그 대단한 분은 자신은 도대체 얼마나 떳떳하기에, 대놓고 대한민국 검찰의 정당한 업무를 치졸하다고 말하는 것인지 모르겠다.

나는 뉴스를 시청하면서 가장 밑바닥에 와서야 본색이 드러나는, 그런 사람에게 속은 것 같다는 생각에 화가 났다.

대법원 최종 유죄 판결에 '정치탄압'이란 말도 안 되는 뻔뻔한 변명을 하고 있는 그런 모습에 국민은 더 실망만 할 뿐이다. 이곳에 들어와 살고 있는 일반 수형자들도, 최소한 자기반성은 할 줄 알고 회개하며 부끄러운 줄은 안다.

한 나라의 재상까지 지낸 공인으로서 스스로 자기반성이나 회개는 안 하더라도, 앞으로 더 이상의 실망스런 모습은 안 보여 주었으면 좋겠다.

봄에 제일 먼저 올라오는 씀바귀는 입에는 쓰지만 몸에는 좋다. 그분도 쓰다고 생각되는 현재의 자리가 좋은 약이 되기를 바랄 뿐이다.

54
사형수 춘도

부산주례구치소에 있던 시절 한 사형수와 같은 사동에서 지냈다. 이 사형수가 하는 행동들 중에는 보통 사람들과는 다른 이상한 점들이 있었다.

그중에 하나가 자신의 모든 행동을 자기가 믿는 종교에 맞추려고 한 것이었다. 다른 사람들은 아직 잠들어 있는 새벽부터 목탁 소리가 들린다. 목에 가래가 낀 것처럼 컬컬하고 거친 목소리로 불경을 외우고 있는 그 목소리가 문제였다. 그 모습을 보고 있노라면 마치 엽기 만화를 보는 것 같은 기분이 든다.

깨끗한 한복 차림에 머리는 빡빡 밀고 면도기로 매일 매일 잔털을 정리해서 두상이 빤질빤질하게 빛이 났다. 그 사형수가 아무 말도 안 하고 뒷짐을 지고, 사동 복도를 왔다 갔다 하는 모습을 보면 영락없는 스님이다. 목에도 항상 큼지막한 염주를 걸고 있었기 때문에, 겉모습만 보자면 이미 불교계에 입적한 이름 있는 스님 같았다. 하지만 속은 그의 겉모습과는 전혀 달랐다. 사형수라는 빨간 수번을 가슴에 달고, 하루하루 언제 죽을지도 모르는 상황 속에서 항상 불안에 떨며 살고 있다.

　소년수 방에까지 담배를 파는 것으로도 모자라, 예쁜 수건이나 좋은 티셔츠가 보이면 무슨 수를 써서라도 뺏어가곤 했다. 탐욕으로 물들어 버린 그의 눈빛은 이미 사람의 눈빛이 아니었다. 마치 만족을 모르는 돼지의 먹성처럼 욕심의 끝판을 보는 듯했다. 그리고 자신의 그런 행동들을 직원들에게 들키지 않도록 어떤 물건을 뺏어갈 때는, 이곳에서 구하기 어려운 담배를 조금씩 주었다. 자기 자신을 위엄 있게 보이려고 행동하는 이중적인 모습이다.
　사약 구매를 할 때면 아예 대놓고 한 명당 우황청심환 세 개씩 시키라고 말을 했다. 우황청심환 하나가 그때 돈으로 삼천삼백 원이었고 한 명당 우황청심환 구매가 세 개 밖에는 되지 않았다. 소년수 방에 보통 다섯 명 정도가 지냈기 때문에 영치금이 없는 사람을 제외하면, 그것을 살 수 있는 사람은 세 명 정도에 불과하다. 그들이 산 아홉 개의 우황청심환을 전부 가져가고 겨우 담배 세 개비를 주었다. 담배는 만 원에 겨우 한 개비였지만 이곳에 반입되는 물건이 아니라서, 그 사형수가 담배를 가지고 그런 위세를 부릴 수 있었다. 사형수라는 권력을 엉뚱한 곳에 행사하면서, 본인은 언제 죽을지도 모르는 불안함을 담배로 달래고 있다.
　사회에서의 담배는 니코틴으로 인한 중독성이 강한 각성제 정도이지만, 이곳에서는 잠시라도 모든 것을 잊게 해주는 마약보다도 더 강

한 힘을 발휘하는 최고의 환각제이다. 이곳에서는 담배를 어쩌다 한 번씩 피우다 보니, 몸에 있는 니코틴 성분이 이미 몸 밖으로 다 빠져나간 상태이다. 그래서 담배를 피우면 처음 피우는 것처럼 머리가 띵하고 눈앞이 캄캄해지면서 몽롱한 상태가 된다.

그 맛은 잠시 잠깐이지만 사람의 기분을 나른하고 기분 좋게 만들기에 충분했다. 오죽하면 이곳에서 담배를 피우자는 말을 "숨 한번 쉬자."라고 했을까 싶다. 하지만 교정사고 중에 담배에 대한 말이 많이 나와서, 이제는 강력하게 처벌을 하고 있기 때문에 이제 더 이상 담배 반입은 안 되고 있다. 하지만 그때는 담배가 최고의 대우를 받던 시절이었으니, 담배만 있으면 형님 소리를 들어가면서 편안하게 징역을 살 수 있었다.

볼일이 있어 복도에 나오게 되면 담배를 가지고 있는 선배 방 앞에서 "형님 식사 많이 하십시오."라고 인사를 한다. 그러면 미리 담배 한 개비를 화장지에 돌돌 말아 놨다가 건네주면서 한마디 한다. "만원이다. 갖다 써라." 설레는 마음으로 복도에 근무를 서고 있는 직원의 눈을 피해 재빠르게 받고 바로 인사를 한다. "감사합니다. 형님, 편히 쉬십시오."

한 개비를 사등분으로 나눠서 고깔로 피울 때도 있고 방에 사람들이 많으면, 성경책을 찢어서 담배가루를 안에 넣고 얇게 말아서 순번을 정해놓고 한 명씩 화장실로 들어가서 피웠다. 그런데 담배라는 것이 직원을 통해 몰래 반입되는 물품이라서, 가끔씩 분위기가 좋지 않거나 감사가 시작되기라도 하면 한동안 담배 품귀 현상이 일어난다. 그러면 그 동안 담배로 처세를 하던 선배들의 입장이 많이 난처해졌다.

그렇게 분위기가 안 좋아져도 동생들은 담배를 얻으려고 인사를 한다. "형님 식사 많이 하십시오."라고 하면 이제는 반응이 조금 다르다. "아나, 오천 원이다. 갖다 써라." 그 역시 분위기가 좋지 않다는 것을 알기 때문에 바로 인사를 한다.

"감사합니다. 형님, 편히 쉬십시오." 방으로 들어와 돌돌 말린 화장지를 풀어보면 담배 반 까치가 들어 있다. 하지만 정말 담배가 떨어지면 서로가 곤란한 입장이 된다.

"형님, 식사 많이 하십시오."라고 인사를 하면 여태 거들먹거리면서 담배를 던져주며 한마디씩 하던 선배가, 얼굴이 벌게지면서 허둥지둥 할 말을 못 하고 그냥 "그래, 많이 먹어라."라고 하면서 딴청을 한다. 하지만 동생 입장에서는 여태 받았던 것은 생각도 못하고 담배가 있으면서도 안 준다는 서운한 생각이 들어서, 고작 담배 하나로 사람을 치졸하게 만든다는 감정이 생긴다.

다음 날부터는 선배를 봐도 인사를 대충 대충 하는 둥 마는 둥 하면서 대놓고 섭섭한 표정을 감추질 못한다. 정말 담배가 없어서 주지 못하는 선배도 뭐라고 할 말이 없어 답답할 뿐이고, 오히려 동생들 눈치가 보여서 인사 받는 것도 부담스럽기만 하다. 그렇게 며칠이 지나면 또다시 분위기가 좋아지는데, 그건 원활하게 담배 공급이 잘 되고 있다는 무언의 표시이다.

선배도 후배도 서로의 목소리에 힘이 팍팍 들어가서 인사를 하고, 선배는 또다시 거들먹거리면서 한마디 한다. "만 원이다. 갖다 써라." 그러면 후배는 언제 그랬냐는 듯이 "형님, 감사합니다. 편히 쉬십시오." 하며 다시 군기가 바짝 들어가서 인사를 한다.

분위기가 좋을 때는 사형수도 담배 장사를 하며, 남은 생의 마지막 순간까지 악을 쓰며 니코틴을 흡수하려고 발악을 했다. 하지만 분위기가 좋지 않고 담배 공급이 원활히 되지 않는 날이 되면, 시도 때도 없이 쉰 목소리로 외워대는 탁한 불경 소리와 목탁 소리가 밤낮없이 온 사동을 시끄럽게 했다.

사형수 입장이라 대놓고 말은 못하고 그렇게 불경을 외우며 암묵적인 시위를 했다. 그러면 운동 시간에 동료들이 모여서 "야, 진짜 춘도 때문에 시끄러워 죽겠다. 누가 땅콩 껍데기라도 말아서 줘라." 했다. 그 사형수의 이름이 춘도였다.

55 불쌍한 사람

교도소에서 가장 불쌍한 사람은 가난한 사람도 고아도 아닌 실형 선고를 많이 받은 사람이다. 이곳에서 아무리 잘나가고 떵떵거리며 살아도, 당장 내일모레 나가는 만기수 앞에서는 숙연해질 수밖에 없다.

'부러우면 지는 것이다.'라는 말처럼 뭐니 뭐니 해도 이곳에서는 출소하는 사람이 가장 부럽다. 여기서 나갈 수만 있다면 집까지 홀딱 벗고 뛰어가라고 해도, 모두 주저하지 않고 뛰어갈 정도로 출소는 우리 모두에게 간절하다.

그런데 정작 형도 얼마 받지 않은 사람이 닭똥 같은 눈물을 뚝뚝 흘리고 있다. 형도 얼마 받지 않은 사람이 가끔씩 자기만 사정이 있고 불행하다는 생각이 드는 것인지, 말끝마다 한숨을 푹푹 쉬고 드라마에서 조금만 슬픈 장면이 나오면 눈물을 흘린다. 그럴 때면 오히려 형 선고를 많이 받은 장기수가 울지 말라고, 어깨를 토닥토닥거리며 위로를 해주는 모습을 보니 나는 달리 뭐라 할 말이 없었다.

신입의 아픔보다 더 큰 상처와 슬픔을 속으로 삭이고 있는 장기수의 입장에서는, 어찌 보면 화가 나서 한마디 할 수도 있는 상황이다. 그래도 모든 마음을 비우고 살려고 노력하다 보니, 속으로는 마음이 조금 뭣해도 그냥 모른 척 위로를 해주고 있다. 하지만 눈치 없는 사람들은 위로해주고 있는 장기수의 어깨에 기대어 자신의 하소연을 끝까지 한다. 그런 사람들은 다행히도 마음이 넓은 장기수 방에 있어서 재수가 좋은 편에 속한다.

그 사람이 행여나 다른 방에서 그런 행동을 했더라면, 아마도 왕따가 되었거나 성질 급한 사람에게는 어떤 고통을 받을 수도 있었다. 같이 오래 생활을 하다 보면 참는 사람도 한계가 있어서, 아무리 마음을 비우고 살아가고 있는 장기수라고 해도 어쩔 수 없이 화를 내게 된다. 그렇게 되면 자기 자신만 불쌍한 그 사람은 결국에는 미운털이 단단히 박혀 버리게 된다. 그런 사람들은 자기중심적인 생각들이 몸에 배어 있기 때문에, 처음엔 이해를 해주던 사람들도 점점 괘씸하게 생각을 한다.

그동안 많이 참았던 장기수가 자기 자신만 불쌍한 그 사람에게 주었던 물건까지, 하나하나 회수를 하는 것을 보면서 나는 깨달은 점이 있다. 내가 아는 장기수가 그렇게 속이 좁은 사람은 아니었는데, 모든 사람은 어떤 상황에서든 상대적인 것 같다는 생각이 들었다.

아무리 좋은 사람이라도 싫은 사람이 있는 것이고, 아무리 사회적으로 지탄을 받고 있는 사람이라도 좋아하는 사람이 있을 수 있다.

모든 사람들은 각자마다 사연이 있고 자신의 아픔을 가슴속에 안

고 살아가고 있다. 설령 그 아픔이 나에게는 최고의 고통일지라도 그것이 남들에게는 부러움의 대상이 될 때도 있다. 재벌이 주식이 떨어진다고 일반 서민들에게 하소연을 한다고 하면, 그건 하소연이 아니라 사람 염장 지르는 꼴이다. 마찬가지로 단기수들이 무기수한테 앞으로 삼 년을 어떻게 사느냐고, 울고불고 하소연한다면 참으로 유구무언이다. 무기수에게 삼 년의 시간은 이곳 화장실에서 볼일 보는 시간도 안 될 것이기 때문이다.

　나를 비롯한 이 안에 있는 사람들도, 모두가 다 그렇게 나만 힘들고 나만의 아픔이 가장 크게 느껴지는 것도 사실이다. 하지만 다른 동료들을 배려하는 마음들은 가지고 있기 때문에, 누가 닭똥 같은 눈물을 흘릴 때면 아무 말 없이 위로를 해 준다. 조금만 남을 배려하고 생각하면 충분히 알 수 있는 일을, 나 중심적으로만 생각하고 남을 전혀 의식하지 않고 행동하기 때문에 그런 일이 생긴다. 그런 사람들은 이곳에서 단체 생활을 하는 것이 아마도 인생에서 가장 힘든 시간이 될 것이다.

　본인의 상처만 보고 남의 상처는 보지 못하는 사람은 나만이 모든 아픔과 상처를 짊어지고 있다는 생각에, 결국은 남에게도 외면당하고 자기 스스로 무인도에 갇히게 된다. 서로 보듬어주지 못하고 혼자 동떨어져서 웅크려 있는 사람을 보니, 닭장 속의 여러 마리 닭들이 상처 난 닭의 흉터를 계속 쪼아대는 모습이 생각이 나서 저절로 한숨이 나온다. 결국 상처받은 닭은 외롭게 혼자 구석에서 피를 흘리며 죽어갈 것이다.

자신을 세상에서 가장 불행하고 가장 불쌍한 사람으로 만들어 가고 있는 것은 아닌지, 스스로 진지하게 생각해 보아야 한다. 마음의 어두운 커튼을 활짝 열고 주위에 나보다 더 힘들어하고 있는 사람들을 배려하고 위로하며 소통한다면 좀 더 지혜롭고 현명하고 보람된 삶을 살 수 있다.

예쁨도 미움도 행복도 불행도 모두 자신의 마음으로부터 시작된다. 누구나 불쌍한 사람이 되기 싫다면 이제부터라도 자신의 말과 행동을 돌아볼 필요가 있다.

56
전쟁의 서막

한순간에 세상이 회색빛으로 변해 버렸다. 나는 흑백 세상 속에 버려진 전쟁고아처럼 갈 곳을 잃어버렸다. 세상의 모든 것들이 부서지고 아무 것도 없는 상태에서 흙먼지만 날리고 있다. 갑자기 벌어진 칠흑 같은 암흑 속에서 내가 무엇을 어떻게 해야 되는 것인지 알 수가 없다. 나는 누구이고 왜 이렇게 멍하게만 있는 것인지 갑자기 나의 이름조차도 기억이 나질 않는다.

평상시와 다름없이 태양은 떠올랐건만 기결수들이 공장으로 일하러 가는 시간인데도 문이 열리지 않는다. 직원들 얼굴은 경직되어 굳어만 있을 뿐 문은 열지도 않고 인사를 해도 받지도 않는다. 분명 우리가 알지 못하는 어떤 비상상태가 일어났다는 것을, 나는 직감적으로 알 수 있었다.

오늘은 직원들이 신사복 차림의 군복을 입고 있고, 얼굴에는 비장함이 묻어 있다. 점검도 기상을 하면 바로 시작하는데 평소보다도 많이 늦어지고 있다. 직원들 모두가 바짝 긴장을 한 얼굴들이다.

하층 복도에서부터 군홧발 소리가 콘크리트 벽을 타고 상층으로 올라오고 있다. 몇 명의 교도관들이 침울한 얼굴을 하고 복도 끝을 걸어서 큰형님 방 앞까지 갔다. 긴장된 모습으로 큰형님 방에 노크를 하고 "협조 부탁합니다."라고 했다. 큰형님은 웃으면서 당당하게 직원들과 같이 복도로 걸어갔다. 그것으로 모든 비상상황이 종료되었다.

아무도 생각하지 못한 일이었다. 우리는 눈치도 챌 수 없는 상태에서, 큰형님과 인사 한마디조차도 나누지 못하고 큰형님은 그렇게 다른 교도소로 이송을 갔다. 혹시나 모를 후배들의 난동이나 사고에 대비해서 철저하게 보안이 유지된 교도소의 비상상황이었다.

여전히 직원들은 긴장을 한 상태에서 조직폭력배 사범들을 눈여겨 지켜보고 있다. 조용하게 시작된 하루였지만 내 마음에 이미 파도가 치고 회오리바람이 불기 시작했다. 고요한 호수에 던져진 돌이 하필이면 호수 밑에 잠들어 있던 내 눈앞에 떨어졌다.

'내 마음속에서는 이미 전쟁이 선포되었다. 내가 괴물로 변해버린 것은 내 책임이 아니다. 그들이 먼저 나를 건드렸기 때문에 나는 그들을 내 방식대로 응징할 것이다. 지금부터 시작되는 새로운 세상은 끔찍한 지옥으로 변해 버릴 것이다. 그들이 알지 못하는 이런 끔찍한 세상이 있다는 것을 내가 반드시 보여줄 것이며, 그 어떤 용서도 하지 않을 것이다. 그들은 이미 건너지 말았어야 할 강을 건너 버렸다. 지금부터 그들이 보는 모든 것들은 살아서 보게 되는 마지막이 될 것이다.'

하루 종일 맥이 풀려 넋이 나간 채 멍하게 앉아 있다가, 겨우 정신을 가다듬고 자리에서 일어났다. 이제부터는 내가 할 수 있는 모든 것들을 다해서 누구에게 덤벼들든지 아니면 내가 죽든지, 이판사판의 상황 속에 외로이 홀로 서 있다는 생각이 들었다. 갑자기 내 가슴속에서 찬바람이 휘몰아치고 있는 것 같은 착각이 들었다. 큰형님을 존경하면서 한 사동에 살고 있던 가장 최측근 동생이며, 큰형님에게는 아들 같은 존재인 나였다. 큰형님이 떠난 이곳이 나에게는 더 이상 아무런 의미가 없이 느껴졌기 때문에, 이제 더는 어떤 희망도 삶의 의미조차도 없어진 것 같았다.

마치 온 천지가 캄캄한 어둠 속에 묻혀버린 것처럼 그저 앞날이 막막했다. 이런 침통한 마음은 비단 나뿐이 아니라 많은 선후배들도 마찬가지여서, 모두들 하늘이 무너지는 것 같은 표정들이었다.

큰형님은 우리의 정신적 지주였기 때문에 한동안 많은 선후배들이 공황상태에 빠져서 허우적거렸다. 하지만 나는 큰형님의 빈자리를 채우기 위해서라도 긴장의 끈을 놓지 않고 큰일이 생길 때마다 더욱 침착한 마음으로, 고양이처럼 냉정하게 사리판단을 해서 내 자신을 달래고 안정을 시키며 내 마음을 흐르는 물처럼 곤곤히 다지곤 했다.

큰형님은 언제 어느 곳에서나 나의 마음속에 함께 있기 때문에 이제까지 그래왔듯이, 앞으로도 나는 초연한 마음으로 나의 본분을 지키며 열심히 살 것이다.

57
청포도 알사탕의 비극

사회에서는 최첨단 슈퍼컴퓨터 알파고와 바둑 천재 이세돌이 대국을 펼친다고 연일 들썩들썩하다. 그런데 나는 이곳에서 쥐와의 전쟁을 치르고 있다. 내가 있는 창원교도소는 이미 수십 년이 훨씬 지난 노후된 교도소이다. 아무리 시설을 리모델링한다고 해도, 낙후된 시설 자체에는 한계가 있기 때문에 일상생활에서의 불편함은 피해 갈 수가 없다. 그중에서도 제일 참기 힘든 건 쥐하고 밤이 새도록 전쟁을 치러야 하는 것이다.

오래전 마룻바닥이었던 곳에 온돌을 깔고 장판으로 덮어서 쥐가 보이지는 않는다. 하지만 바닥 밑에서 '빠각빠각' 쥐가 마룻바닥을 이로 긁고 있는 소리는 듣는 사람을 소름을 끼치게 한다. 베개를 베고 누워서 잠이 들려고 하면, 밑으로 쥐가 지나가는 소리가 고스란히 내 귀로 들려 와 잠이 확 달아나 버리고 만다.

이곳에 사는 쥐는 도무지 사람을 무서워하지 않는 것 같다. 사회의 순진한 쥐들은 기껏 해봤자 크기가 손바닥만 하다. 그들은 사람이 오 가기라도 하면 걸음아 날 살려라 하고, 어느새 십 리 밖으로 꽁무니를 빼는 모습과는 많이 다르다. 그 쥐들과 비교해 봤을 때, 이곳의 쥐는 쥐의 탈을 쓴 고양이가 아닐까 하는 생각이 들 정도이다.

이곳에서 보는 쥐들은 덩치가 어른 팔뚝만 하고 인상도 험악하다. 수형자들이 던진 돌에 맞았는지 아니면 자기들끼리 영역 다툼을 하다 다친 것인지는 몰라도, 애꾸눈 쥐가 자주 어슬렁어슬렁거리는 것이 보인다. 대다수가 한쪽 다리를 절뚝거리거나 상처 난 등에 털이 벗겨 져서 흉측한 모습을 하고 있다.

외형상 생긴 건 그렇다 치고, 이 쥐들이 사람 알기를 지나가는 강 아지 쳐다보듯이 하고 겁을 안 내니 답답하다. 오히려 사람이 쥐를 보 면 얼마나 놀라고 오싹하게 소름이 다 돋는지 정신이 하나도 없을 지 경이다. 그럴 때 보면 사람은 놀라서 기겁을 하는데도 쥐들은 어깨를 으쓱대면서 겁도 안 먹고 천천히 잘도 기어간다. 창살로 막혀 있어서 우리가 소리만 지르고 아무런 위해를 가할 수 없다는 것을, 마치 그놈 들은 알기라도 하는 것 같다.

어쩔 수 없이 플라스틱 옷걸이를 자르고 고무장갑을 잘라서 새총 을 만들었다. 운동화 찍찍이를 뜯어 버리고 인공가죽 부분에, 돌을 넣 어 쏠 수 있도록 만들었는데 총알이 마땅한 것이 없다.

이 없으면 잇몸으로 산다고 플라스틱 바둑알을 찾았다. 사회에서 처럼 사기로 바둑알을 만들지 않고 플라스틱으로 특수하게 제작된 것이다. 새총으로 쏜다면 쥐한테는 상당히 위협적일 것이다.

튼튼하게 만들어진 새총과 팽팽하게 당겨지는 고무장갑의 쫀쫀함을 의지하며, 시험 삼아 바둑알 하나를 장전해서 화장지 두루마리를 통째로 세워놓고 새총을 쏴 보았다. 얼마나 힘이 센지 화장지가 통째로 튕겨져 나가 버린다. 이제 쥐들은 이 새총의 위력이, 날카로운 발톱을 세우고 먹이에 굶주린 고양이만큼 무섭다는 것을 알게 될 것이다.

땅콩가루와 소시지를 새총으로 조준하기 좋은 방향에 뿌려놓고, 창문 너머로 쥐들이 오기만을 기다리고 있었다. 그런데 그 많던 놈들이 어디로 다 이사라도 간 것인지 오늘은 한 놈도 안 보인다. 오라는 쥐는 안 오고 이름값도 못 하는 고양이만 와서 설친다.

쥐가 많아서 고양이를 풀어 놨는데, 잡으라는 쥐는 안 잡고 밥 때만 되면 창밖에서 왔다 갔다 서성거린다. 수형자들이 고양이가 예쁘다고 보통은 소시지와 닭 뼈를 던져 주는데, 닭 훈제를 통째로 던져 주는 이도 있다. 그러다 보니 고양이들이 쥐 잡을 생각은 안하고 살만 뒤룩뒤룩 찐다.

이 고양이들은 쥐만 보면 슬금슬금 피하고 전혀 잡을 생각을 안 한다. 오히려 쥐들을 보면 우리처럼 놀라기만 한다. 그러니 이곳의 쥐들이 간이 배 밖으로 나올 수밖에 없다. 가끔씩은 여기가 사람이 사는 교도소인지 쥐들이 사는 교도소인지 가늠이 안 갈 정도이다.

한참 저녁 시간에 TV를 보다가 혹시나 해서 창문을 열었더니, 밤이라 그런지 쥐들이 왔다 갔다 하는 것이 보인다. 드디어 새총으로 이 놈들을 혼내 줄 때가 온 것이다. 그런데 막상 조준사격을 해보니 가까

운 곳에서는 잘 맞지만, 조금 거리가 멀어지게 되면 바둑알이 바람을 따라 자꾸 엉뚱한 곳으로 날아가고 있다. 겨우겨우 한 놈 엉덩이 부분을 퍽 소리가 나도록 맞혔는데 한 번 폴짝 뛰더니 그냥 가버린다. 이 창살만 없다면 내가 나가서 다 잡아 버릴 텐데 아쉽다.

밤이 깊어 조명불이 비추고 있는 곳을 바라보면, 풀밭 위의 쥐들이 뛰어 다니는 모습이 아주 가관이다. 고양이들은 야행성인데도 불구하고 쥐들이 무서워서 그런지 코빼기도 안 보인다. 바둑알로 쏘다가 어쩔 수 없이 화나는 마음을 다스리지 못하고 청포도 알사탕을 꺼냈다. 청포도 알사탕으로 마치 미사일을 발사하듯이, 정신없이 쥐들한테 날려 버렸는데 제대로 한 놈을 명중시켰다. 청포도 알사탕에 머리를 맞고 다리를 달달 떨면서 옆으로 쓰러진 걸 몇 번이나 다시 맞춰 버렸다.

분명히 한 놈은 잡았다. 쥐 때문에 화가 난 마음이 이제야 누그러져서, 편안하고 흐뭇한 마음으로 잠자리에 들었다. 하지만 당장 다음날부터 청포도 알사탕의 비극이 시작되었다. 뒤에 창문만 열면 벌러덩 누워 있는 쥐의 시체가 보여서 인상을 쓰게 된다. 며칠 전부터는 지독하게 냄새까지 올라왔다. 코를 막고 쳐다보았더니 죽은 쥐의 시체에서 뭔가가 꿈틀거린다. 아, 구더기들이다. 끝도 없이 꿈틀거리는 저놈은 정말 쥐보다도 더 싫다.

58
인연의 시작

모든 것이 끝나 버린 것 같은 날이 지나가고 또다시 새로운 아침이 밝아왔다. 어떻게 하루를 보냈는지 아무런 기억도 나지 않는다. 큰형님이 금방이라도 "상덕아." 하면서 방에서 나올 것만 같다. 큰형님이 어제 다른 교도소로 이송을 가서 교도소 전체가 초상집 분위기이다.

큰형님이 누구보다 믿고 의지했던 1공장 반장님을 만나서, 큰형님이 사용하던 방에 대해서 상의를 해야겠다고 생각했다. 그런데 5공장 반장 선배가 아무 일도 없었다는 듯이, 새로 집을 구하는 사람처럼 들떠있는 모습으로 사동의 큰형님 방을 살피고 있다.

5공장 운동 시간에 5공장 반장님이 사동으로 올라왔다. 큰형님 다음으로 공주교도소 건달 중에서는 나이가 많은 선배님이다. 나보다는 큰형님과 더 가깝게 지냈었고, 공장도 바로 옆이었기 때문에 큰형님께 잘했던 분이었다. 5공장 반장님이 무엇 때문에 직접 사동까지 온 것인지 궁금했었는데, 채 일 분도 지나지 않아서 나는 망치로 머리를 한 대 얻어맞은 것처럼 머리가 '띵' 하는 기분이 들었다.

선배가 지금 내 앞에서 말도 안 되는 짓을 하고 있다. 난 그 광경을 보고 있으면서도 내 눈을 의심했다. 큰형님을 떠나보낸 슬픔은 그 어디에서도 찾아 볼 수가 없었다. 큰형님이 쓰던 방을 자기가 아닌 다른 사람이 사용할까 봐 그 방을 급하게 선점하려는 모습이 마치 가증스런 여우처럼 보였다. 울고 싶은 놈한테 제대로 뺨을 한 대 때리는 듯한 선배의 행동에 나는 순간적으로 울분이 치밀어 올라서, 한 방 먹여야겠다는 생각이 온몸을 휘감았고 결국은 폭발을 해버리고 말았다.

뒤도 돌아보지 못하고 도망가는 선배의 뒷모습을 쫓아가며, 화분 밑에 받혀져 있던 벽돌을 들어서 던져버렸다. 선배가 맞지는 않았는데 창문에 맞아 유리가 박살나면서 복도가 유리 파편 조각들로 가득했다.

놀란 직원들과 운동장에 있던 조경 형님과 고시반의 동생들이 우르르 몰려왔다. 나는 진정되지 않은 마음을 참지 못하고 씩씩대고 있었지만 그냥 넘어갈 수 없을 정도로 일이 커지고 말았다. 순식간에 공장에서는 내가 5공장 반장님을 그것도 한참 나이 차이가 나는, 대선배를 주먹질하고도 모자라 벽돌로 죽이려 했다고 난리가 났다.

특히 5공장의 선배들은 자기들이 모시고 있는 반장님이고 큰형님께서 어제 이송을 갔으니, 이제 공주교도소 큰형님은 5공장 반장이 될 것이라고 생각하고 있었는데 내 행동을 보고 난리가 났다.

발보다 빠른 소문은 순식간에 전 공장에 퍼져 버렸다. 전후사정을 전혀 알 수 없는 선후배들은, 내가 열 살이나 많은 대선배를 상대로 주먹질을 했다는 것에 나를 비난하기 시작했다. 하지만 나는 전혀 두

렵지 않았다. 어차피 큰형님이 있었다면 그런 일도 생기지 않았을 것이다. 큰형님이 있었는데 비슷한 일이 있었다면 난 아마 목숨을 걸고 싸웠을 것이다.

나는 변한 것이 아무것도 없었다. 오히려 큰형님의 부재 때문에 누가 아군이고 적군인지 알게 된 이 상황이 오히려 고마울 뿐이다. 두 분이 같은 길을 걷고 있는 의리의 사나이라고 생각했었는데, 나는 배신감에 몸이 떨려 잠이 오지 않았다.

나는 조용히 화장실로 들어가서, 시멘트 벽에 플라스틱 칫솔을 뾰족한 모양으로 최대한 날카롭게 갈기 시작했다. 이젠 둘 중에 한쪽만이 살아남을 수밖에 없는 싸움이 된 것이다.

이마에 땀이 송골송골 맺히면서 새벽이 밝아오기 시작했다. 날카로운 칼이 되어버린 칫솔은 예전부터 나와 한 몸이었던 것처럼, 손에 딱 맞고 든든하게 감겨 들어왔다. 나는 어떤 싸움이든지 시작하면 한 번도 뒤로 물러서 본 적이 없다. 특히나 상황이 불리해질수록 물러서면 죽는다는 각오로 이를 악물고 더 투지를 불태웠다. 그리고 내 스스로에게 떳떳하게 살고 싶지, 비굴하게 살고 싶은 생각은 추호도 없다. 그것보다 더한 일에 내 자존심을 걸어서 이곳까지 오게 되었는데, 지금 더 약해지면 내 자신에게도 너무 부끄러운 일이다.

공주교도소에 이송이 되어 큰형님과 인연을 맺게 된 것은 내 인생에 있어 가장 큰 행운이었다. 그 소중한 인연을 지금 내가 다시 아쉬운 끝이 아닌 시작으로 만들 수도 있다.

나는 처음 큰형님을 보았을 때부터 끝까지 함께 하리라는 맹세를 했다. 그러려면 지금 이 순간 내 양심에 티끌만큼의 부끄러움도 있어서는 안 된다. 사생결단하고 두 주먹 불끈 쥐고 내 투지를 불태우며 하루를 시작하는 나에게, 이제 더 이상 두려운 것은 아무것도 없다.

59
행복해지는 방법

굽이굽이 평범하지 않게 살아온 내 개인적인 삶을 공개하는 것에 많은 용기가 필요했다. 하지만 다 비우고 버려야만 새로운 것을 채울 수 있다는 말에 공감하여 글쓰기를 시작했다.

나의 글을 보고 칭찬하고 공감하는 이들도 있을 것이고 비난하고 지탄하는 이들도 있을 것이다. 나 자신 역시도 내가 살아온 길이 떳떳함보다는 부끄러운 것이 많은 것이 사실이지만, 지난 과거를 거울삼아 앞으로는 더 나은 삶을 살고자 나의 과거와 직면하는 과정이 필요했다. 하지만 나는 지금 살아온 지난날보다 더 비참한 신세가 되어 교도소에 다시 수감되어 있다.

다섯 평도 안 되는 좁은 방 안에 열 명의 사람들이 성냥개비처럼 머리를 한쪽으로 하고 누워서 잠들어 있다. 저마다의 사연들과 가슴속에 한을 품고서 살아가고 있으면서도 서로 상대방 가슴속의 한이 더 클지도 모른다는 생각이 들어서, 말도 못하고 속으로 삭이며 하루

하루를 살아가고 있다. 그런데 내가 지나온 발자국들을 글로 풀어내기 시작하면서 가슴에 돌덩이처럼 딱딱하게 응어리져 있던 나의 한들이 조금씩 풀어지고 있으니, 글을 쓴다는 것만큼 자기 자신을 정화시키기에 좋은 방법은 없는 것 같다.

누구한테 인정받으려고 시작한 것도 아니었기에 무작정 마음이 가는 대로 글을 쓰다 보니 어느새 가슴속에 성난 파도는 오간 데 없다. 또 다른 내 안의 나에게 내가 그동안 살아온 이야기를 들려주었을 뿐이다. 그렇게 자기 자신이 들려준 말을 조용히 듣다 보니 스스로 평정심을 찾은 것이다. 마치 나 혼자만의 독백이 아니라 정말로 내가 누군가에게 말을 한 것처럼 느껴지면서, 가슴속이 후련해지는 것을 느꼈다. 글쓰기가 비록 나 혼자만의 독백이라 할지라도, 글쓰기를 시작한 것은 정말 잘한 것 같다는 생각이 드는 행복한 오늘이다.

나는 누구에게 쉽게 말하지 못할, 안타까운 사연들을 가슴속에 끌어안고 살아가는 많은 사람들에게 글을 써보라고 권하고 싶다. 마치 내가 쌍둥이인 것처럼 또 다른 나를 내 앞에 앉혀놓았다는 생각으로, 그동안 살아오면서 힘들었다고 느끼고 있던 많은 이야기들을 그냥 상대방에게 편하게 말을 하듯이 글로 써 내려 가면 된다.

내 이야기를 쓰는 것이니 어떤 목적이나 격식이 필요치 않다. 설령 띄어쓰기나 받침이 잘못되어도 아무런 상관이 없다. 그냥 주저리주저리 내가 하는 말들을 있는 그대로 펜을 잡고 노트에 옮겨 적으면 된다. 그동안 살아오면서 겪었던 모든 일들이 정말 진솔하고 활기

넘치는, 생생한 글이라면 정말 감동적인 한 편의 시나리오가 될 것이다. 자신이 주인공인 당신의 삶. 세상에 그것만큼 감동적이고 아름다운 스토리는 없을 것이다. 그동안 자신이 살아온 지난날들을 반성하고 그것을 교훈삼아, 앞으로 어떻게 올바르게 잘 살아갈 것인지를 가장 잘 아는 사람 역시도 당신 자신이다. 그렇기 때문에 글을 쓰면서도 가장 많이 위로받고 가장 많이 행복해지는 사람도 바로 당신 자신이 된다.

평소에 손에 책이라곤 한 번 들어보지도 않던 내가 어느 순간 글을 쓰겠다고 다짐을 하며 용감하게 펜을 들었다. 글을 쓰기 시작하면서 점점 나 자신에 대해서 무엇이든지 할 수 있다는 확신을 가지게 되었다. 무력하기만 했던 나의 일상에 활력을 불어넣으며 씩씩하고 활기찬 생활을 하고 있다. 운동에 몰입하여 육체가 돌처럼 단단하던 과거와는 다르게, 지금은 글을 쓰는 이 순간에 느끼는 설렘과 행복한 마음이 더 크다. 나처럼 많은 사람들이 글을 쓰면서 자기 자신에게 많은 위로를 받았으면 좋겠다.

꼭꼭 빗장을 채워 놓은 마음의 문을 활짝 열어서 하얀 백지 위에 모두 꺼내서 나열해놓으면, 어둠에 꽉 닫혀있어서 답답했던 가슴이 텅 비워지면서 마음에 넓은 공간이 생길 것이다. 만약에 비우는 작업이 선행되지 않는다면 새로 채울 수 있는 빈 공간도 생기지 않는다. 설령 비우지 않고 새로 채운다고 한들 내 마음속에 켜켜이 쌓여있던 부끄러움들이 한데 얽혀서 더 큰 응어리가 질지도 모른다.

하얀 백지 위에 뚝뚝 떨어지고 있는 자신이 흘리는 회한의 뜨거운 눈물을 통해서, 자신이 다시 새롭게 태어나는 기쁨의 순간을 맛볼 수가 있다. 그러고 나면 내가 숨 쉬고 있는 매 순간순간의 시간들이 꽃이 되고 나비가 되고 향기가 되고 시가 되는 아름다운 자기만의 천국이 될 것이다.

남은 인생을 좀 더 풍요롭고 아름답게 잘 가꾸기 위해서는 상처 받은 자기 영혼을 치유하는 것이 꼭 필요한 것 같다. 자기 영혼의 상처는 자신이 아니면 어느 누구도 치료를 할 수가 없다. 그 중에서 가장 쉬운 치료 방법은 바로 나 자신에게 하소연을 하는 것이다.

누군가에게 하소연을 하면서 울고불고하다 보면 가슴이 시원해질 때가 있다. 하지만 인간이기 때문에 내가 아닌 다른 사람에게 하소연을 하는 것에는 한계가 있어서 모든 것을 다 쏟아내지는 못한다. 그래서 가장 부끄럽고 수치스럽다고 느끼는 것들은 모두 숨길 수밖에 없다. 하지만 글로 당신 자신에게 하소연을 할 때는 가슴속 저 밑바닥에 있는, 지저분한 모든 것들을 다 꺼낼 수가 있다.

자신의 여건을 탓하지 말자. 이제 더는 바쁘다는 핑계도 필요 없다. 세상에서 가장 보람된 일은 자기 자신을 가장 행복하게 만드는 일이다. 자기 자신을 믿고 큰 용기를 내어 오늘부터 하나하나씩 자신만의 이야기보따리를 풀어보길 바란다. 내가 오늘 어떤 상황에 처하더라도 그 상황을 극복하고 이겨 내야 할 사람은 오로지 당신 자신뿐이다.

오늘 이 글을 읽고 당신 손에 펜을 잡을지에 대한 선택 역시도 결국 당신의 몫이다. 부디 스스로를 믿고 큰 용기를 내어 행복의 길로 들어가는 방법을 깨닫기를 바라는 마음이다.

60 최종목적

생활고에 시달리다가 일부러 교도소에 가기 위해 범죄 행위를 하는 사람들이 가끔씩 신문에 나온다. 그런데 막상 죄를 짓고 교도소에 들어가면 그때의 마음은 오간 데 없고, 다시 밖으로 나가기 위해서 발버둥을 치게 된다.

한겨울 추위가 무서워서 겨울만 교도소에서 보내려고 저지른 범죄가 생각보다 많은 실형이 선고되어서, 겨울을 몇 번이나 더 보내야 한다고 탄식을 하는 동료를 보며 도대체 사는 것이 얼마나 힘이 들었으면 그랬을까 싶어 짠한 마음이 든다.

이곳에서 생활하는 사람들은 출소를 위해서 태어난 사람들처럼, 오로지 출소만을 목표로 두고 살아가고 있다고 해도 과언이 아니다. 그런데 막상 꿈에 그리던 출소를 하게 되면 안에서 생활했을 때의 그 답답한 심정과 고통은 어느새 망각해 버리고, 작은 일들에 좌절하고 괴로워하면서 사고를 치고 다시 이곳에 들어오게 된다.

한평생 교도소가 어디에 있는지도 뭐 하는 곳인지도 모르고 살아가는 사람들이 태반인데, 이곳에서 한 번 살았던 사람들은 언젠가는 또다시 교도소에서 만나게 된다. 그러면 서로가 "이제 우리 여기서 보지 말고 다음에는 좋은 곳에서 만나자, 여기에서 보는 것은 이번이 정말 마지막이다."라고 서로에게 덕담을 나누지만 오래 가지 않아 또 이곳에서 만나게 되는 경우가 허다하다.

범행도 처음 한 번이 어렵지 두 번, 세 번은 쉬운 것처럼, 교도소 역시 처음 들어오는 것이 무섭고 힘들지 한 번 들어오기 시작하면 아무것도 아닌 일로 쉽게 들어오게 되는 것 같다.

교도소에서 자주 사용하는 말 중에는 '오르막이 있으면 내리막이 온다.'라는 말이 있다. 사회에서 이 말은 고생하다 보면 좋은 날도 온다는 뜻이다. 이곳에서는 자기가 받은 실형 중에 절반을 기준으로, 살기 시작한 날부터 반을 오르막이라고 하고 나머지 절반을 내리막이라고 한다. 내가 육 년을 선고 받아서 아직 삼 년을 살지 못하였으니 한참 오르막을 오르고 있다. 삼 년만 지나면 그때부터는 내리막이라서 시간이 엄청 잘 간다.

교도소 안에서 사는 모든 사람들은 무조건 자신의 형이 가장 길다고 느끼게 되는 것 같다. 다른 사람의 형이 십 년 남았다 해도 나의 열흘 남은 형이 길게 느껴지기 때문에 답답한 심정이 된다. 그래서 서로의 남은 형기를 물어보는 것이 실례가 될 수도 있기 때문에, 간단하게 오르막인지 내리막인지만 물어볼 때가 있다.

형기가 아무리 많이 남은 사람도 내리막에서는 시간이 잘 간다고 생각되는 것처럼, 이곳에서의 생활도 자기 마음먹기에 따라서 많이 달라질 수가 있다. 사회에 있을 때 정말 마음을 단단히 굳게 먹고 씩씩하게 열심히 산다면, 이곳에 와서 다시 마음고생을 하며 사는 일은 결코 없을 것이다. 이곳에 살고 있는 사람들의 가장 큰 바람은 이곳에서 하루 빨리 해방되는 것이다.

모두의 소원은 출소이지만 사실 그 시간은 누구에게나 때가 되면 자연스럽게 찾아온다. 하지만 출소를 한다고 해서 그들이 이곳에 다시 안 들어온다는 보장은 그 어디에도 없다는 것이 문제이다. 그래서 단지 나가는 것이 목적이 되면 안 되는 것이고, 다시는 이곳에 오지 않는 것을 목적으로 삼아야 한다.

출소만 하면 만사가 형통할 것처럼 만기 날짜만 눈이 빠져라 기다리지 말고, 헛된 욕심을 버리고 차분한 마음을 가지고 사회에 나가서 잘 적응할 수 있는 능력을 키워야 한다. 그리고 사회생활을 하면서 힘든 고비를 만나게 되면, 지금의 이 힘든 시간들을 생각하면서 잘 극복해야 한다. 그 힘든 고비를 잘 넘기지 못하고 다시 교도소로 가게 되면, 그 순간부터 후회를 하고 가슴을 치며 "내가 미쳤지."라고 외치며 통곡을 한다.

한 번 이곳에서 살아 본 경험이 있기 때문에 사회생활이 고달프면 '차라리 교도소에서 사는 것이 낫겠다.'라는, 순간적인 생각으로 범죄를 저지르지만 그것은 그 사람이 이곳에서의 기억들을 모두 망각했기 때문이다.

사회에 있으면 무료급식소에서 밥을 얻어먹는 노숙자들을 볼 수가 있다. 교도소에서 살고 있는 사람들은 밖에서 자유롭게 살고 있는 그 노숙자들조차도 부러워한다. 비록 초라하게 밥을 얻어먹을지라도 그들에게는 자유가 있어서, 언제든지 마음만 먹으면 자신이 하고 싶은 모든 것을 할 수가 있다. 하지만 이곳에서 살고 있는 대부분의 사람들이 느끼는 감정은 '살아 있어도 살아 있는 것이 아니다.'는 것이다.

맛있고 좋은 음식을 매일 먹는 취사장 반장일지라도 최종 목적은 바로 출소이다. 때로는 이곳에 자진해서 다시 들어온 사람들이 모두 바보처럼 보이기도 하지만, 사실 따지고 보면 남의 발로 여기에 들어온 사람은 단 한 명도 없다. 약간의 차이는 있겠지만 모두들 자신의 탓으로 자기 발로 들어온 것이다.

당장의 출소가 목적인 모든 사람들에게 진지하게 조언하고 싶다. 출소는 확실하게 날짜를 보장받아 놓았기 때문에 누구든지 때가 되면 모두 나갈 수 있다. 하지만 그 이후부터의 삶은 어느 누구에게도 보장받은 것이 아무것도 없다는 사실을 명심해야 한다.

또다시 노숙자들을 부러워할 처지에 놓일 수도 있기 때문에 최종적인 목적을 이곳에서 나가는 것으로 설정할 것이 아니라, 사회에서 잘 적응할 수 있도록 준비를 하는 것으로 바꿔야 할 것이다.

61
눈사람 미역국

"오늘 메뉴가 뭐냐?", "네, 눈사람 미역국입니다." 엊그제 진주에서 성폭력범으로 징역 4년을 선고받고 들어온 방의 막내가 점심 때 반찬이 뭐냐고 묻는 내 말에 대답을 한다.

'눈사람 미역국'은 내 머릿속에는 없는 메뉴라서 멍하게 쳐다보고 있는데, 각방 배식이라는 소지들의 우렁찬 소리에 맞춰 분주하게 상을 깔고 밥 먹을 준비를 하느라고 그냥 넘어갔다. 미역국이 나와서 숟가락을 넣어서 휘휘 저은 다음 건더기를 올렸는데 정말 눈사람이 있었다.

숟가락에 편한 자세로 누워있는 눈사람을 입에 한 숟가락 떠 넣으면서 "막내야, 진짜 눈사람 미역국이 맞네!"라고 말을 했더니, 막내가 해맑게 웃으며 머리를 긁적긁적거린다. 일주일에 한 번 조랭이 떡을 넣고 끓인 미역국이 나오는 걸 알고 있으면서도, 나는 한 번도 눈사람 미역국이라는 생각을 해본 적이 없었다.

막내는 정신과 치료를 받고 있었는데, 퇴원하면 안 된다는 의사의 만류에도 불구하고 어머니가 강제로 퇴원을 시켰다. 어느 날 어머니가 잠깐 한눈을 판 틈에 길거리로 나갔다가 자기 엄마라고 생각하고 달려들었는데 아주머니가 넘어지는 사고가 생겼다. 막내는 놀라서 도망을 갔지만 멀리 가지도 못하고 바로 검거되어서 징역 4년을 선고받게 되었다.

그나마 다행이었던 것은 정신병원 입원 기록이 있었다. 정신병 약을 매일 먹던 기록이 있어서 '강간 미수 상해'였다. 형은 최하 징역이 5년이었지만, '심신미약'이라는 것이 인정이 되어서 4년의 실형을 선고 받았다.

현실과 과거 그리고 사회와 징역을 가끔씩 혼동하며 말하는 막내를 보며, 어쩌면 우리보다도 '맑고 깨끗한 영혼'을 가졌다는 생각이 들었다.

나는 친형이 지적장애인이라서, 이렇게 겉은 멀쩡하지만 제정신이 아닌 동료가 들어오면 남들보다 더 각별히 신경을 쓰며 작은 도움이라도 주려고 노력을 한다. 자기가 한 행동들이 범죄가 되는 줄도 모르고 교도소에 산다는 것이 어떤 것인지도 모르면서 단지 본능이 시키는 대로만 살고 있는 깨끗하고 순수한 영혼들이 있기에는, 이곳은 그들과는 너무나 어울리지 않는 곳이다.

'사랑하는 아들아. 방에 있는 아저씨들 말씀 잘 듣고 뭐라고 하면 무조건 죄송하다고 하고 잘못했다고 해라. 그리고 죄송하지만 우리 아들 잘 부탁드립니다. 원래 착하고 아무것도 모르는 아인데 제가 먹

고 살려고 하다 보니, 제대로 보호를 하지 못해서 아들이 죄를 짓고 말았습니다. 잘 좀 부탁드립니다.'

접견 와서 따로 서신을 써서 아들한테 보낸 것을 읽어 보았다. 아들한테 쓰는 것보다는 부족한 아들과 함께 지내는 방 동료들에게, 부족한 아들을 부탁하는 어머니의 마음을 느끼게 해주는 편지였다.

옛날 같으면 약간 정신이 부족한 사람들을 많이 때리기도 하고 매일 괴롭히는 경우도 있었을 것이다. 하지만 요즘은 방에 TV도 있고 신문도 있어서 다들 바쁘다. 그리고 이곳 사람들의 의식도 많이 변화되었기 때문에 누구를 괴롭히고 때리는 일도 거의 없어진 지 오래이다. 그러다 보니 오히려 사람을 괴롭히는 건 막내 쪽이다.

신문 좀 보고 있으면 옆에 조용히 와서 일부러 큰 소리를 내서 읽는다. "저리 가라." 하고 근엄하게 한마디 하면 씩 웃는다. TV 좀 보고 있으면 스윽 TV 앞으로 가서 몸으로 화면을 막는다. 자기하고 같이 말도 해주고 놀아 주기를 바라는 것이다.

화를 낼 수도 없고 해서 불러서 말 좀 걸어주면, 흥분을 해서 밑도 끝도 없이 자기만 알고 있는 소리를 신나게 늘어놓는다. 이곳에서 나를 만나 한 방에서 먹고 자고 하는 것도 큰 인연인데 싶어서, 나는 오늘부터 막내에게 한글을 가르쳐 주기로 마음을 먹었다.

하루 한 시간씩 한글공부를 하자고 했다. 친형한테 삼십 년 동안 가르쳐도 못 쓰던 자기 이름을 뚝딱뚝딱 외우고 쓰고 있는 스물여섯 살의 우리 방 막둥이가 신기하게만 느껴져서 "야, 너 바보 아니네."라고 했더니 "저 바보 아니에요."라며 엄청 흥분을 한다.

흥분하는 것을 보니 확실히 제정신은 아닌 것 같다. 술 취한 사람이 술 안 취했다고 우기는 것처럼, 정신지체가 있는 막내는 자기가 바보가 아니라고 흥분하면서 방방 뛰고 있다.

    막내는 정신병원에서도 정신이상이라는 판정을 받았다. 매일 약도 복용하고 있고 재판에서도 심신미약이 인정되었다. 내가 하는 말에도 꼬박꼬박 말대꾸를 잘하는 막내를 보면, 바보인 듯 바보가 아닌 듯해서 나도 가끔 혼동이 된다. 정확하게 말하면 바보의 판단 기준은 없는 것 같다. 순수한 영혼들을 깨끗하게 보지 못하는 흉악한 세상이 있을 뿐이다.
    정말 바보는 수많은 시간들을 이곳에서 헛되게 보내고 있는 내 자신이다. 눈사람 미역국은 오늘 막내로부터 새롭게 탄생된 이곳 '특별 음식'의 메뉴이다.

개정판을 내며

한 권의 책이 있다.

글 쓰는 걸 따로 배운 적도 없고, 글 쓰는 재주도 없었던 한 사람이 죄인의 신분으로 교도소에 갇혀, 울며, 회개하며, 써 내려간 글이다. 그것이 바로 이 책, 『눈사람 미역국』이다.

이 책은 작가가 되기 위한 시도도, 문학적 영예를 얻기 위한 글도 아니다. 이 글은, 죄로 얼룩진 과거와 결별하고 싶은 절규였고, 하나님 앞에서의 무릎 꿇음이었고, 더 이상 과거로 돌아가고 싶지 않다는 뼈저린 통회(痛悔)의 산물이었다.

감옥 안에서, 나는 사람이라기보다 그림자처럼 살고 있었다. 그러나 성경을 베개 삼아 울고, 회개를 기도 삼아 견디며, 비로소 사람의 숨을 다시 내쉴 수 있었다.

그 시간, 나는 눈물로 성경을 읽고, 손끝으로 하나님의 말씀을 새기며, 무너진 자존과 뒤틀린 인생의 돌을 한 장씩 다시 쌓아 올렸다. 『눈사람 미역국』은 그 시간의 흔적이다.

어머니를 향한 그리움, 두 딸을 떠올리며 찢겨나갔던 회한, 사랑을 등지고 세상에 뿌리내리려다 결국 하나님의 발등상 아래 무너졌던 한 남자의 고백이다.

많은 밤을 성경과 함께 울며 지새웠다. 어떤 날은 통곡이 기도였고, 어떤 날은 침묵이 찬양이었다. 나의 글은, 사실상 기도문이었고 고백이었다. 인간의 가장 깊은 밑바닥에서 부르짖는 회개의 절규였고, 하나님의 자비를 향한 손짓이었다. 나는 그 안에서 깨달았다. 아무리 밑바닥이라도, 하나님의 손길은 그 아래에도 닿을 수 있다는 것을.

철창 안에서 썼던 문장 하나하나는, 고통을 꿰뚫고 흘러나온 피와 눈물의 혼합물이었다. 어쩌면 『눈사람 미역국』은 문학이 아니라, 하나님 앞에서 바친 내 삶의 보고서였다.

이 책이 처음 세상에 나왔을 땐, 나는 여전히 교도소 담장 안에 있었다. 그러나 지금 나는 담장 밖에서 목회자로서, 인간으로서, 동역자로서, 하나님의 자녀들을 섬기고 있다. 하나님의 은혜는 나를 다시 숨 쉬게 했고, 내가 다시 누군가의 손을 잡을 수 있게 했다. 나는 여전히 부족하고, 여전히 흔들리지만, 하나님의 사람으로 살아가고 있다.

사람들은 종종 묻는다.
"지금은 다른 삶을 사시는데, 그 시절의 글을 다시 꺼내는 것이 부끄럽지 않습니까?"

나는 고개를 흔든다.

부끄럽다. 그러나 그 부끄러움이야말로 하나님께서 나를 다시 살리신 은혜의 시작이었음을 믿기에, 나는 이 책을 다시 꺼낸다.

고치기 위해서가 아니라, 지우지 않기 위해서다.

그때의 나는 죄인이었고, 지금도 여전히 죄인이지만 회개를 통해서 하나님의 종이 되었다. 그리고 이 변화는 내 의지가 아니라 하나님의 은혜가 아니고선 설명할 수 없는 기적이었다. 내가 바뀐 것이 아니라, 하나님의 사랑이 나를 바꾸신 것이다.

수많은 독자가 이 책을 읽고 함께 울어주고, 함께 기도해 주었기에 나는 지금 이 자리에서 다시 이 책을 펴낼 수 있다. 나 하나의 고백이 누군가의 삶을 뒤흔들 수 있다는 사실에, 나는 다시 글을 꺼낼 용기를 얻었다.

부디 이 책이, 누군가의 절망 속에 작은 희망이 되기를, 누군가의 포기 앞에 다시 붙잡을 십자가가 되기를 나는 간절히 소망한다. 깊은 어둠 속에서도, 한 줄기 빛이 비칠 수 있다는 사실을 이 책이 보여주기를 바란다.

이 책이 다시 살아나듯, 당신도 다시 살아날 수 있다. 하나님의 은혜는, 가장 깊은 감옥 안에서도 피어나는 꽃이기 때문이다.

2025년, 『눈사람 미역국』이 전국 모든 서점에서 완판되었다며, 출판사로부터 개정판 출간 요청이 왔다. 글을 수정하고 싶은 곳은 많다. 하지만 수정하지 않기로 했다. 부끄러운 과거는 지워서는 안 된다. 오히려 그때의 나를 내가 바라보며 회개하는 것만이 진정 새로운 개정판이기 때문이다.

이 책 『눈사람 미역국』은 잘못 살아온 내 인생의 반성문이다. 그리고 동시에, 하나님의 은혜로 다시 태어난 사람의 증명서다. 과거는 지울 수 없지만, 은혜는 그 과거 위에 새로운 역사를 쓰신다.

2025년 5월,
이상덕 목사 드림

출간후기

어둠을 벗어나 세상으로 떳떳한 발걸음을 내딛는 이들을 위한 메시지

권선복
(도서출판 행복에너지 대표이사, 한국정책학회 운영이사)

'교도소'는 바깥의 사람들에게는 부정적인 장소인 동시에 미지의 장소이기도 합니다. 철저하게 사회에서 격리된 장소이기에 관련 업무에 종사하는 사람이거나 죄를 지어 입소하는 사람이 아니라면 교도소 안에서 어떤 사람들이 어떤 생활을 하며 어떤 생각을 하는지는 알기 어렵고, 이에 대해 관심을 가지는 사람들도 거의 없는 것이 현실입니다. 하지만 교도소 안에서 살아가는 이들 역시 바깥세상의 사람들과 같은 피가 흐르는 사람이고, 진심으로 자신의 죄를 뉘우치고 다시 사회의 일원으로 합류하기 위해 끊임없이 자신을 갈고닦는 이들 역시 분명히 적지 않습니다.

이 책 『눈사람 미역국(개정증보판)』은 '조직폭력배'라는 이름표 아래 교도소를 드나들면서 부끄러운 삶을 살았던 과거를 뉘우치고, 하나님의 곁으로 돌아와 현재는 한국교도소교정선교회 대표이자 주님 제일교회 담임목사로서 활동 중인 이상덕 저자가 과거 교도소 안에서 겪었던 일들을 차분하게 풀어내고 있는 에세이집입니다. 교도소 안에서의 생활, 또 그 하루하루를 통해 느낀 것들을 꼼꼼하게 써내려간 이 책을 통해 저자는 자신과 비슷한 처지에 놓여 있거나 그보다 더 힘든 일로 좌절한 많은 사람들을 위로하고자 합니다.

아무도 모르게 꽁꽁 감춰두고 싶었을지도 모르는 자신의 삶까지 반성과 참회를 담아 오롯이 묘사한 이 책은 과거의 자신과 비슷한 처지에 놓인 이들에게 과거를 뉘우치고 올바른 길을 걸을 수 있다는 희망을 안겨주는 한편, 제소자들 역시 여러 가지 이유로 올바른 길에서 벗어났을 뿐 바깥 사회의 이들과 같은 사람이라는 점에 주목하면서 교도소와 제소자에 대한 우리의 인식을 돌아보도록 도움을 줍니다.

자신이 처한 현실이 아무리 어렵고 힘들다 해도 누구에게나 희망의 한 줄기 빛은 있기 마련입니다. 이 책 『눈사람 미역국(개정증보판)』속의 훌륭한 그림을 통해 책의 가치를 더욱 빛내주신 박 훈 작가님께도 감사의 말씀을 드리며 이 책이 절망적인 상황에 처한 모든 이들에게 다시금 세상으로 나아갈 수 있도록 돕는 행복과 긍정의 에너지가 되도록 희망합니다.

함께 보면 좋은 책들

오늘도 가슴 뛰는 삶
이서영 지음 | 값 22,000원

본서는 초등교원 중 평균 3%에 해당된다는 교장으로 승진한 저자의 궤적과 깨달음을 통해 우리의 삶에 가슴 뛰는 삶의 희망을 준다. 저자는 쉽지 않은 환경 속에서 두 아이를 키워낸 워킹맘으로서, 공간혁신으로 학생들에게 더 나은 교육환경을 제공하는 교육행정가로서 겪어 온 고충들을 담담하게 회고하고 사회 변화를 촉구하면서 대한민국의 모든 교육공무원과 일하는 어머니들에게 공감을 전달하고 있다.

어서와~ 조직문화는 처음이지?
홍석환 지음 | 값 22,000원

31년여간 여러 대기업에서 인재 육성과 인사 업무를 전담해온 홍석환 저자의 이번 신간은 직원들이 주인의식을 가지고 성과를 내기를 바라는 조직장들에게 직원이 일하기를 원하고, 성과를 내는 기업 문화를 만드는 방법을 실질적으로 설명하고 있다. 책은 '함께 성장할 수 있고 노력할 만한 가치가 있다고 느끼는 회사'를 만들 때야말로 직원들은 진심으로 성과를 내게 된다는 점을 핵심으로 강조한다.

맨발걷기 바로하기
권오룡 지음 | 값 25,000원

책은 자연의 이치를 따르는 생활을 함으로써 우리 몸이 본래 가지고 있는 치유력을 극대화하는 건강법으로서의 맨발걷기의 정의와 본질을 다루고 있다. 또한 책은 효율적인 맨발걷기를 할 수 있도록 하는 올바른 걸음 방법 등은 물론 저자가 직접 맨발길 현장을 다니면서 접한 오류 정보들을 꼼꼼히 수정하기 시작하여 맨발걷기를 시작하려는 사람들에게 실질적인 길잡이가 되어 주고 있다.

마음을 깨우는 편지
구영서 지음 | 값 20,000원

이 책 『마음을 깨우는 편지』는 국내에 입국한 북한이탈주민, 이른바 새터민의 정착을 돕는 일에 오랜 시간 동안 헌신한 바 있는 저자가 가치 있는 삶이 무엇인가에 대한 고찰을 담아 써낸 글이자 진실된 삶 속에서 피와 땀으로 길어낸 '진심의 기록'이다. 책은 마치 소중한 이에게 한 글자 한 글자 마음을 담아 정성스럽게 보내는 편지처럼 희망과 생의 지혜로 우리의 마음을 따뜻하게 어루만진다

좋은 **원고**나 **출판 기획**이 있으신 분은 언제든지 **행복에너지**의 문을 두드려 주시기 바랍니다.
ksbdata@hanmail.net　　www.happybook.or.kr　　문의 ☎ 010-3267-6277

'행복에너지'의 해피 대한민국 프로젝트!

〈모교 책 보내기 운동〉〈군부대 책 보내기 운동〉

한 권의 책은 한 사람의 인생을 바꾸는 힘을 가지고 있습니다. 한 사람의 인생이 바뀌면 한 나라의 국운이 바뀝니다. 그럼에도 불구하고 많은 학교의 도서관이 가난하며 나라를 지키는 군인들은 사회와 단절되어 자기계발을 하기 어렵습니다. 저희 행복에너지에서는 베스트셀러와 각종 기관에서 우수도서로 선정된 도서를 중심으로 〈모교 책 보내기 운동〉과 〈군부대 책 보내기 운동〉을 펼치고 있습니다. 책을 제공해 주시면 수요기관에서 감사장과 함께 기부금 영수증을 받을 수 있어 좋은 일에 따르는 적절한 세액 공제의 혜택도 뒤따르게 됩니다. 대한민국의 미래, 젊은이들에게 좋은 책을 보내주십시오. 독자 여러분의 자랑스러운 모교와 군부대에 보내진 한 권의 책은 더 크게 성장할 대한민국의 발판이 될 것입니다.

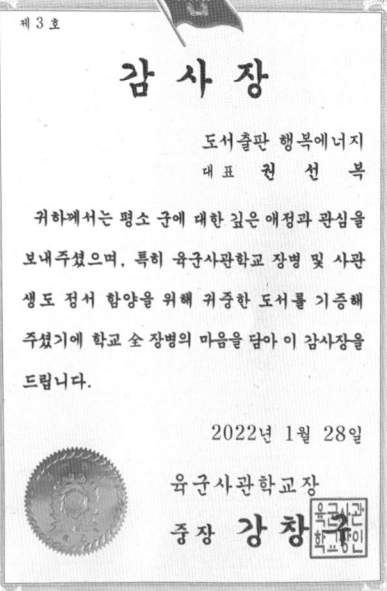